キリスト教思想史の諸時代

別巻1

――アウグスティヌスの霊性思想

金子晴勇［著］

ヨベル新書
090

YOBEL,Inc.

庭で声を聴くアウグスティヌス。左に立っているのがアリピウス。アンジェリコ派のフラ・アンジェリコ作「聖アウグスティヌスの回心」による、シェルブール、1430年頃。

序論　アウグスティヌスと霊性思想史

聖書には「霊」という言葉が旧約聖書の冒頭から語られているのにギリシア・ローマの古典文化にはこの言葉は何ら特別な意味をもっていなかった。それは聖書の人間観は魂と身体というプラトン的な二元論的構成を全く欠いており、それまでの哲学にはよく知られていなかった「霊」(ruah ルーアッハ) という観念が聖書のなかで独自な人間的な次元を創り出しているからである。確かに旧約聖書は、その冒頭から「神の霊」について語り、人間に**命の息**を吹き込み、人間を霊として創造したと語っている (創世記2・7参照)。というのも人間は神のように霊そのものではないが、神から来る霊は人間を生かす力であると信じられていたからである。

(1) 聖書の「霊」概念の理解

新約聖書でも「霊」(pneuma: 風・息・精神) は本来的で本質的な人間存在を言い表す目印とな

っている言葉である。それはセプチュアギンタ（旧約聖書のギリシア語訳、70人訳 LXX）でルーアッハをギリシア語に訳したとき用いられた。これが新約聖書では人間のために用いられ、霊や単に人間を意味する。そのとき何か人間自身をを超えたもの、その本質を超えたものが言われていると考えるべきではない。人間の場合にはこの「霊」（pneuma）は大抵の場合「肉」（sarx）と対立する概念として用いられた。しかし、「霊」という言葉は神の霊を言い表すや直ちに全く別の意味をもつ。しかし、この霊は神の活動と力なのであって、その働きは人間に及んでいる。この霊がキリスト者を捉えると、人は「肉的に」ではなく、「霊的に」生きはじめる（ローマ8・9）。こうして自分の生活のなかにいわば新しい次元が生まれ、人間は神の秩序から整えられる。これが「霊的に生きる人間」（pneumatikos）であり（Ⅰコリント2・14―15）、「生まれながらの人間」（psychikos）から区別される。霊的な人は新しい現実、思いもよらない未来、つまり神の霊と力の完全な啓示を待望する。

この「霊」をトレモンタンは「人間の中の超自然的部分」であり「人間の中にあって神のプネウマとの出会いが可能なところ」と言う。この部分のゆえに神の霊の内在ということが異質的な侵入とはならないで、異邦の地における大使館のように準備されている（『ヘブル思想の特質』西村俊昭訳、創文社、178―192頁）。

この「霊」概念はテサロニケ信徒への手紙第一5章23節では人間学の三区分（霊・魂・体）を構成する一つとして見いだされるが、ブルトマンはこれを礼拝の式文であると推定し、キュンメルもこの「霊」を人間と見る使用例も少なく、「霊」を神に近いものとは考えない（ブルトマン『新約聖書神学Ⅱ』川端純四郎訳、新教出版社、1966年、29―30頁、キュンメル『新約聖書の人間像』松木真一訳、日本基督教団出版局、1969年、50頁参照）。ここでパウロは古代の「霊・魂・体」の三分法の用語を使っているが、霊は人間の三つの独立の構成部分を表すのではなく、人間そのものを表すために用いられた。しかしパウロが「〝霊〟は一切のことを、神の深みさえも究めます」（Ⅰコリント2・10）と言い、さらに「神の知恵」（ソフィア）・「知識」（グノーシス）・「信仰」（ピスティス）と関連して霊を使っていても、神の霊と人間の霊とが比較して語られているに過ぎず、霊に独自な作用を認めているわけではない。つまり、霊が「霊性」として自覚されてはいない。

しかも、この「霊」の次元は現実にはいまだ実現しておらず、完全な実現は将来のことに属するが、すでに人間はその次元の全体的な実現に向かう途上にある。この将来への期待は再び全体的な人間に妥当する。そこでは霊による更新によって心身からなる人間の復活が問題であって、いわゆる魂の不滅は問題となっていない。したがって、ここでは哲学的な心身の二分法や三分法は後代で説かれたような意味をもっていない。

⑵ オリゲネスとニッサのグレゴリオスの霊性思想

キリスト教思想史上オリゲネス（185/5 - 253/4）が初めて「霊・魂・身体」の三分法を自覚的に使い始め、「霊」に独自な作用である「霊性」の機能を解明した。それは彼の『雅歌注解』によって説かれるようになった。オリゲネスはそこで神の観想について考察し、キリストが受肉によって来臨したことに呼応して、魂が神へと上昇しながら神の直視に至る過程のなかで霊性の働きを説いた（ダニエルーによると雅歌の注解をしたのはオリゲネスが最初ではなく、ローマのヒッポリュトスがいたが、魂と御言との合一を説いたのはオリゲネスが初めてである。J. Daniélou. Origen,1955, p. 304）。この点では旧約聖書でも未だ二元論は成立していない。この世の生活の後にある生命が告げられているときに、それに全体的な人間が関与している（イザヤ書26・19；66・22、23；ダニエル書12・2参照）。新約聖書も同様に語っている。しかももっと明瞭に全体的な人間の復活について語っている。

その働きは霊的な経験として与えられており、しばしば神秘的な用語でもって表現された。たとえば、この経験は「霊感と照明」によって生じる「突然の覚醒」である。彼は聖書の寓意的解釈を通してこのような経験の「霊的・神学的」意味を捉えようとした（オリゲネスの神秘的霊性に関してはラウス『キリスト教神秘思想の源流』水落健治訳、教文館、101―134頁参照)。

まず、注意を惹くのは見えないものに対する純粋な霊的な憧憬であり、それは内なる人の霊的な愛から生まれる。この内なる人は外なる人が五官をもっているように五つの**霊的感覚**をもつと言われる。カール・ラーナーによると霊的感覚は、「神学を霊的な生活の最高段階として捉えるという教説を心理学的に表現したもの」である(ラウス、前掲訳書、122頁参照)。この霊的感覚を覚醒するために魂の眼に光を注ぐのは御言葉であって、恩恵によって霊的感覚のなかに御言葉が注ぎこまれると、魂は覚醒される。この霊的感覚は元来「精神」(ヌース)に属しており、それよりも低次の形態である「魂」(プシュケー)には属さないと説かれた。これによって人間に善悪の識別能力が与えられるばかりか、ある種の微妙な**霊的感受性**(いわゆる「**第六感**」ないし**内的感覚**)も授与される。バルタザールは霊的感覚について次のように言う。「無限の微妙さと精緻さにまで発育・進歩させることが可能な能力であり、個々の状況において何が神の意志であるのかを正確に魂に伝える所にまで進歩させることが可能なものである」(ラウス、前掲訳書、124頁からの引用)と。それは神を捉える霊的な感応作用であって、霊的な視覚・嗅覚・触覚として述べられた。

このようにオリゲネスは魂の上昇過程を追求して、その最高段階にまで導いたが、愛と並んで神の憐れみが同時に強調された。それは魂が自分の力でそこに到達できないからである。神の直視はプラトンが『饗宴』のなかで説いたように、この上昇過程のさなかに「突如として」現れるが、オリゲネスはプラトンの説を修正して御言葉の受肉という神の憐れみのわざによって初めてそれが可能となることを強調した。したがって神は受肉によって人間が御言葉と出会うように導いていている、と説いた。そこには人格的な出会いがあって、プラトンが説いた観念論的なイデアの知的直観とは本質的に異質であり、人格的に変容された霊性の作用が認められる。

このオリゲネスの**霊性思想**はニュッサのグレゴリオス（ca. 330 - 394）に影響を与えた。このグレゴリオスはアウグスティヌス（354 - 430）とほぼ同時代人であるが、自らも『**雅歌講話**』に着手し、オリゲネスの霊性思想をさらに深めていった。オリゲネスが霊性を魂の霊的感覚のなかに把握したのに対し、グレゴリオスは「偉大なるモーセに対する神の顕現は、光とともに始まり、神は雲を通して語りかけたが、その後、彼が高められて完成に至ると、彼は闇のなかに神を見た」とあるように、「光」・「雲」・「闇」という三段階を通して霊的な経験が深化していく過程を解明した。

ところが今や花嫁は神的な夜に取り囲まれている。そこでは花婿は近くまで来ているが、姿は現さない。というのも、どうして見えないものが夜に姿を現すであろうか。花婿は霊魂に対して自分の現存（パルウシア）を気づかせてはいるが、その不可視な本性によって隠されているので、明白に理解されていることはない。それでは、その夜に霊魂に起る奥義の伝授とは何か。……真理はわれわれの本性の外に立っている。……あなたは真理に近づいて、間を一切の壁で隔てられないほど、まさしくその近き人に成らなければならならない」。

（『雅歌講話』大森正樹訳、新世社、264―265頁）

グレゴリオスはこの著作のなかで魂のうちに御言《みことば》が内住するための場所をさまざまな仕方で叙述している。たとえば「心」（カルディア）、「魂を導く部分」（ヘゲモニコン）、「良心」（シュネイデーシス）、「精神の深み」（バティア・ディアノイアス）が用いられた。彼は魂のもっとも内奥を表現するに適切な用語を捜しており、タウラーの神秘主義的な術語「魂の根底」（Seelengrund）に当たる場所的な表現を探し求めたといえよう（金子晴勇『ヨーロッパ人間学の歴史』知泉書館、177―180頁参照）。さらに彼は霊性の機能についても模索し、「人間の本性が二つの本性にまたがり、一つは非物体的で知性的であり、他方は物体的で非理性的である」とみなし、さらに推論する機能をもつ理性は神を捉えることができないが、「心」は驚嘆と興奮をもって御言葉の現存を感得するという（グレゴリオス、前掲訳書、270―271頁）。こうして彼はオリゲネスに見られたプラトン主義的な**主知主義**の残滓《ざんし》を払拭し、「人間は心によって神に応答する」と語る聖書の用語を用いることによって理性の光によっては達しがたい場所で神を認識しようとする。それは無知の暗闇のなかで神を感知しようとする霊性の感得作用であって、霊性こそ感覚と理性を超越しながら神の現存を捉える機能である。

　ここには伝統的な**感性・理性・霊性**の人間学的な三分法が認められ、それがグレゴリウスの根本思想である「エペクタシス」（前に身を乗り出すこと）という教説を基礎づけているといえよう。こうして神に向かう上昇過程は霊性に到達する時点で逆転して、魂が次第に暗闇の深淵に入っていく忘我を伴いながら「神のうちに引き込まれていく」。この忘我状態について語るときの彼の言葉は、大抵の場合比喩的となる。つまり、彼が語る意味は「魂は絶えず自己の外に引き出されるが、それは魂が絶えず一層深い神の知を慕い求め続けるという意味においてにほかならない」（ラウス、前掲訳書、163頁）。これが霊性による神秘的経験である。

(3) アウグスティヌスの霊性思想の特質

　東方教会の神学者たちがこのように説いていたの対して西方教会に属するアウグスティヌスはどのような霊性思想を展開させたのであろうか。そこで東方と西方との相違について考えてみたい。

西方教会にはテルトゥリアヌス以前には東方から移ってきた神学者たちはいても、西欧的思想家はいなかった。しかしテルトゥリアヌス、キプリアヌス、アンブロシウス、ヒエロニュムス、そして古代末期の最大の思想家アウグスティヌスが続いて登場し、ラテン的精神をもって新しい神学思想を形成していった。実践的関心の強かったラテン人がその思索を集中させたのは、ロゴスよりも**エートス**(倫理)であり、コスモス(宇宙)よりも**現実の教会**であり、キリストのペルソナよりもその**贖罪《しょくざい》のわざ**であった。

三位一体論やキリスト論をめぐる論争はギリシア的教養を身につけた東方の神学者たちの間で交わされたものであったが、それは西方にも学問的な影響をもたらした。これらの教会的伝統のすべてはアウグスティヌスに継承され、ギリシア古典文化とキリスト教という文化の統合が完成するにいたる。事実、彼が青年時代に大きな影響をうけたのはキケロと新プラトン主義であって、そこにはプラトンからストア主義にいたる全ギリシア哲学とヘレニズム時代の神秘主義を反映する宗教性とが含まれていた。そこで認められる**哲学的認識**と**神秘主義的体験**との二者は彼のうちでキリスト教信仰と結合された。しかも、その信仰が情熱的なラテン人にふさわしい形で主体的に形成されたため、これまでのキリスト教思想が三位一体論やキリスト論を客観的に解明した仕方とは全く異なる様相を帯びてきた。こうしてアウグスティヌスは「**罪と恩恵**」の教説を確立し、キリスト教思想史の上で画期的成果をあげるようになった。

このような思想傾向は彼自身の信仰体験に由来するので、その著作『**告白録**』(『告白』とも訳される)によって回心の出来事を次に明らかにしておこう。

ここではアウグスティヌスの回心にいたる道程で彼の思想形成にとって重要な出来事となった点を顧みてみよう。最初の転機はカルタゴ遊学中にキケロの『**ホルテンシウス**』を読んで哲学への知的回心を経験したことに示される。彼は当時快楽主義に傾き、とくに性愛のとりこになっていた。「わたしを喜ばしたのは何であったか。それは愛し愛されることではなかったか」と彼は回顧している。キケロはこの熱烈な愛の人に哲学すなわち「**知恵への愛**」を点火した。こうして彼はキケロのストア主義にもとづいて感性的欲望に従う不道徳な生活を嫌悪しはじめ、理性と感性の対立が内心の激しい葛藤となる経験をするに至った。

哲学に目醒めた青年アウグスティヌスは母の宗教に不満を感じ、合理主義を標榜するマニ教の聴聞者になった。彼は9年間もグノーシス的な新興宗教のマニ教にかぶれていたが、やがてその思想と代表者に失望し、一時的であったがアカデミア派の懐疑に陥った。彼は知的にも絶望を経験した。だが384年に修辞学の教師としてミラノに招聘《しょうへい》され、そこでアンブロシウスの説教を聞き、幼き日に培われたカトリック教会の信仰が彼の心に力強く甦ってきた。と同時に彼は新プラトン主義の書物を読み、霊的世界とその統轄者なる神への知見が開かれた。また彼を悩ませた**悪の問題**もマニ教のように悪神にその解決を求めるのではなく、悪を「存在の欠如」として解決すべきことも知るに至った。しかし彼は依然として道徳的には金銭・名誉・女性に対する欲望にしばられた生活を送っていた。

このように欲望に囚われて「ものの虜となる」心の特質は、彼の霊性にも反映されている。だが386年の秋に決定的瞬間が訪れた。同郷の知人ポンティキアヌスから修道士アントニウスが修道生活に入ったこと、さらにこの模範に従った人々の話を聞いて、アウグスティヌスは激しい良心の葛藤に襲われた。それは「心」という「内なる家」になかで大乱闘を引き起こした。このように彼は窮地に追い込まれ、心の内に自己省察と罪の告発から回心が起こった。『告白録』第8巻にある回心物語は次のように叙述されている。

しかし、深い考察によって、魂のかくれた奥底から、自分のうちにあったすべての悲惨がひきずりだされ、心の目の前につみあげられたとき、恐ろしい嵐がまきおこり、はげしい涙のにわか雨をもよおしてきました。……わたしはあわれな声をはりあげていいました。「いったい、いつまで、いつまで、あした、また、あしたなのでしょう。どうして、いま、でないのでしょう。なぜ、いまこのときに、醜いわたしが終わらないのでしょう」。わたしはこういいながら、心を打ち砕かれ、ひどく苦い悔恨の涙にくれて泣いていました。すると、どうでしょう。隣の家から、くりかえし歌うような調子で、少年か少女か知りませんが、「とれ、よめ。とれ、よめ」という声が聞こえてきたのです（VIII, 12, 28. 29、山田晶訳）。

このような罪についての深い自己認識が彼の霊性思想を生み出すようになった。『告白録』という書物は彼が神の許に救いを見いだすまでの歩みを自伝的に述べたものである。この書の冒頭には「あなたは、わたしたちをあなたに向けて造られ、わたしたちの心は、あなたのうちに安らうまでは不安だからである」と記されている。この「不安な心」は自分に神が語りかけるのを聞いて回心し、救いを経験したが、親しく経験したストア主義や新プラトン主義というギリシア哲学はやがて真の宗教たるキリスト教にいたる準備段階として位置づけられるようになった。こうして**古典文化とキリスト教との総合**は彼自身の回心の経験のなかに深く根差していた。このような「**不安な心**」こそ彼の霊性を自覚させ、そこから豊かな思想が生み出された。わたしたちはその豊かな思想内容をこれから考察していくことにしたい。

キリスト教思想史の諸時代

別巻1　アウグスティヌスの霊性思想

目次

St Augustine's Church, Hedon, East Riding of Yorkshire, England.
イギリス、ヨークシャー、イーストライディングの「ヘドン」にある「セント・オーガスティン教会」の教会堂.

第1章 「心の対向性」としての霊性思想

はじめに

アウグスティヌスの時代は古代末期であってローマ帝国が終焉《しゅうえん》を迎えており、彼によって形成された**キリスト教思想**はキリスト教古代の総決算であると同時に中世世界の新しい土台ともなった。当時は伝統的な異教の考え方が支配的であって、唯一の至高神が諸州を治める総督のように支配していると信じられたが、その信心が根底から動揺を来たし、内面性への理解が進み、政治的にも宗教的にも、実に多くの不安が醸成されていた。

こうした時代に特有な不安がアウグスティヌスの作品には至る処に現れており、その著作『**告白録**』には心に感じられた不安がもっとも端的に表明された（この不安について詳しくは『キリスト教思想史の諸時代』第2巻「アウグスティヌスの思想世界」の第1章参照)。また純粋に理論的な著作といわれる『三位一体論』といえども、当時の緊急な課題、つまりニカイア公会議からカルケドン公会議の間に起こってきた教義上の大問題に深く関わっていた。このような時代拘束性のゆえに彼の思想は歴史的に多大な影響をその時代に与えたし、それを通してキリスト教思想の基本的な骨格もできあがり、そこからキリスト教の霊性思想も明確な形を帯びるようになった。そこでまず『告白録』冒頭の有名な言葉によって霊性の動態を捉えてみよう。

（1）霊性は「神への対向性」である

『告白録』の冒頭には彼の作品の全体が解明されうる鍵となる言葉「**心の不安**」が次のように語られ、キリスト教的な霊性の本質とその動態も明瞭に示された。

「主よ、あなたは偉大であって、大いに誉め讃えられるべきである。あなたの力は大きく、その知恵ははかりがたい」（詩編145・3；147・5）。しかも人間は、あなたの被造物の小さな一断片でありながらも、あなたを讃えようと欲する。人間は自分の死の性を身に負い、自分の罪の証拠と、あなたが「高ぶるものを退けたもう」（Ⅰペトロ5・5、ヤコブ4・6）ことの証拠を、身に帯びてさ迷い歩いている。それにもかかわらず人間は、あなたの被造物の小さな一断片として、あなたを讃えようと欲する。喜びをもってあなたを讃えるように励ますのはあなた自身である。なぜなら、あなたはわたしたちをあなたに向けて造りたまい、あなたのうちに憩うまで、わたしたちの心は不安に駆られるから。(『告白録』I, 1, 1)

彼は、最初、旧約聖書の「詩編」を引用し、神の偉大さを高らかに讃美するが、次にその偉大さを人間の卑小さと対比させて、神と人との絶対的距離を知るように導く。人間の卑小さは「あなたの被造物の小さな一断片」という言葉に適切にも示される。しかしこの卑小さは、パスカルが『パンセ』のなかで宇宙の無限空間と対置してとらえた人間のはかなさと似ていても(『パンセ』B206, L201(前田陽一、由木康訳、世界の名著)156頁。「この無限の空間の永遠の沈黙は私を恐怖させる」)、実は相違する。宇宙と人間との対比はたとえその差が無限に大きくとも、単なる「差異」にすぎない。差異は対立の程度が弱く、相対的なものにとどまる。それに対しアウグスティヌスはここで、人間がその一断片である「被造物」と「創造者」との対立を考えている。そうすると宇宙内部での相対的な対比の段階を超えた高度の対立がそこでは考えられていることが判明する。ところで被造物が創造者の意志に従うかぎり、意志の一致のゆえに両者の間の対立は、それほど明瞭には意識されない。この対立がはっきりと意識されるのは、人間の意志が「高ぶり」によって創造者に反逆し、「罪」を犯すときである。このとき神は「高ぶるものを退けたもう」がゆえに、神と罪人との対立は最高度に達し、絶対的断絶となる。この状態はこのテクストでは罪の結果引き寄せた「死の性《さが》」と「罪の証拠」および高慢を退ける神の審判として述べられる。それゆえ人間はこのような悲惨な堕落した状態にあって、そのなかを「さ迷い歩いている」と語られる。

このような神と人との絶対的断絶は両者の関係の廃棄を意味するのであろうか。「それにもかかわらず」という言葉は、絶対的断絶を認めたうえでの関係の回復を示唆する。この回復が生じるためには、まず人間の自己のありのままの姿が率直に認められねばならない。それは「あなたの被造物の小さな一断片」としての自己認識である。この認識は同時に自己の創造者に対する賛美を含んではいるが、自己の犯した罪の重荷のゆえに賛美の声は声にならないほどか細い。ただ神からの力強い励ましによってのみ「喜びをもってあなたを讃える」ことができる。

こうしてアウグスティヌスの有名な言葉が語られる。「あなたはわたしたちをあなたに向けて造りたまい、あなたのうちに憩うまで、わたしたちの心は不安に駆られる」と。それゆえ人間が神によって造られた被造物であるということは、永遠なる神と性質を異にする死すべき生命を意味するだけではない。それは「あなたはわたしたちをあなたに向けて(ad te)造りたもうた」とあるように、「**神への対向性**」をも含意している。このように被造物に創造の初めから与えられている根源的な対向性は「あなたのうちに(in te)憩うまで不安に駆られる」とあるように、その目標とするところは神の内にある平安である。この平安に至るまでの状態は「わたしたちの心は不安に駆られる」と説明される。「不安」(inquietus)は「平安」(quies)を失った状態であっても、心理的な「落ち着きのない」状態ではない。この場合「心」(cor)は心理的な状態でも心的な素質でもなく、人間存在の全体的動態を表明する。というのは「あなたに向けて」(ad te)と「あなたのうちに」(in te)という言葉は、それに先立つ神との断絶状態を前提しており、この状態を『告白録』で多く用いられる「あなたから離れて」(abs te)で言い表わせば、三つの前置詞(ad, in, abs)によって神との関係の喪失と回復とが動的に示されているからである。この心の運動こそ霊性の働きであって、わたしたちはこの霊性を「神への対向性」として自己のうちに根源的にもっている。このことばに優って霊性機能を神に向かう動態として明確に語る表現はない。

(2)「不安な心」の意義

このようにアウグスティヌスは「不安な心」について語っていたが、その青年時代にはいくつもの内的な危機に見舞われていた。ベルンハルト・グレトゥイゼンはアウグスティヌスの全思想をこの「不安な心」によって捉え、それと正反対の人間観をアリストテレスのもとで捉える。

学問的な人間学では、アリストテレスが遂行しているように、人間はある意味でいつも自己について三人称形式で語っている。その場合、人間が自己自身に対する根源的な本来的な関係は重要なことではない。人間は自分にとって「一つの事例、ある種の見本であって、彼はある人間に過ぎない。魂の問題も何ら人格的なものではない。……人間は自分自身を意識するようになるが、それも人間としてであって、「彼」としてであって「わたし」としてではない。(グレトゥイゼン『哲学的人間学』金子晴勇、菱刈晃夫訳、知泉書館、78頁)

アリストテレスにおいては世界を一つの閉じた空間とみなすギリシア人に特有な傾向が顕著に表れ、無類の明晰さをもって視覚的世界像が作り出された。しかも人間はこの世界の事物の一つとして考察される。つまり人間は客体的に把握されうる多くの類の一つなのである。それゆえ人間的な自己認識の深遠な次元は未だ現れていない。もちろんソクラテスが説いたように、知恵の探求は自己の無知の自覚から生じると考えられた。ところがギリシア人たちの目は主としてコスモスに向かい、人間に向く場合でも、コスモスの一部としての人間に向かっていたにすぎない。ここにギリシア的愛知《フィロソフィア》活動としての哲学の出発点がある。たとえばアリストテレスは次のように言う、「けだし驚異することによって人間は、今日でもそうであるが、あの最初の場合にもあのように知恵を愛求し（哲学し）始めた」（『形而上学』出隆訳、岩波文庫、上巻、28頁）と。だが、世界は単にコスモスとしてあるのではなく、その内実は人間世界のポリスをも含んでおり、これがアリストテレスの時代には崩壊に瀕していた。ポリスに代わって支配したのはローマ帝国であったが、これもすでに古代末期には政治的にも精神的にもその滅亡の兆しが濃厚に現れていた。こうして世界が没落しつつあったため、分裂したアウグスティヌスの魂にとっては、ただ分裂した世界だけが真理であるように映った（ブーバー『人間とは何か』児島洋訳、理想社、24―29頁参照）。

このような時代の苦悩を、先に述べたように、アウグスティヌスはその著作『告白録』の冒頭で「**不安な心**」(cor inquietum) という言葉をもって表明した。「心」は人間の存在を動的に表現するときに彼が好んで用いた言葉である。しかも、それは苦悩や悲惨ばかりでなく、矛盾や謎を秘めた存在をも指している。たとえば「わたし自身がわたしにとって大きな謎になった」（『告白録』IV, 4, 9）と言われる。「謎」(quaestio) とは「問題」のことで、いまや人間が大問題となって彼の前に立ち現れている。この謎は理性の光も届かない人間の心における深淵である。だから「人間そのものが大きな深淵（grande profundum）である」（前掲書 IV, 14, 22）と言われる。人間そのもの、また人間の心の計り知れない深みの前に立ち、彼は驚異の念に打たれた。

その驚異は内面的な深みをたたえるものとして現われており、やがてここからギリシア的驚異に対する批判が次のように表明された。「このように考えるとき、わたしは強い驚異の念に打たれて、驚愕するのである。人びとは外に出て、山岳の高い頂きに、海の巨浪に、河川の広漠に、星辰の運行に驚嘆しながら、自分自身には目もくれない」。（同 X, 8, 15）。このように内面的な心が大問題となっているとき、自己の内心を顧みず、外の自然に目がそれて、それらに驚いている態度が批判される。ここに新しい思想の出発点があった。

（3）キケロ哲学と「内心の分裂」

では、このような内的な危機はどのように起こってきたのか。それはいつ頃から感じられたのか。それはカルタゴの弁論学校で学習の順序に従って読んだキケロの『ホルテンシウス』（Hortensius）によって生じた。この哲学によって彼はそれまで続けてきた感性的な生活を反省するようになった（この書物はその後見失われ、断片のみ残っている。たとえば『三位一体論』第14巻9, 12; 19, 26や『ユリアヌス駁論』第4巻72; 78に引用されている）。単なる感性や官能的な生活によって満足しなかったところに彼の優れた資質が認められる。彼はその内心で感性と理性とが激突し、それによって激しい「内心の分裂」を経験した。彼はその当時熱情的な感性の燃えるような快楽に身をゆだね、名誉を追求し、とくに性愛の虜となっていた。「わたしを喜ばしたのは何であったか。それは愛し、愛せられることではなかったか」（『告白録』III, 1, 1）とある。このような熱烈な愛の人に「哲学」すなわち「知恵にたいする愛」を換起させたのがキケロであった。

今では散逸してしまったキケロの書『ホルテンシウス』で彼は何を学んだのか。『ユリアヌス駁論』第4巻（IV, 14, 72）に引用されているキケロの言葉によると「異邦人の哲学」と「キリスト教哲学」とがそこで比較されており、これによって彼が当時何を学んだかを知ることができる。彼は二つの哲学のいずれが他に優っているか簡単に言えないと言った後に、「キケロが身体の快楽に反対して精神の活動力について語っていることに注目しなさい」と警告して、キケロの次のような『ホルテンシウス』断片の言葉を引用している。

プラトンが真実にかつ熱心に悪人どもの罠にして食い物であると語っている身体の快楽は

追求されるべきであろうか。確かに快楽によって引き起こされ目覚めさせられないような、いかなる健康に有害なもの、いかに容色と身体との形を損なうもの、いかに恥ずべき損失、いかに不名誉なものがあろうか。快楽の衝動がとても大きくあればある程、それは哲学に敵対的となる。身体の大きな快楽は思想と一致することはない。それよりも大きな快楽がないような快楽を享受するとき、誰が精神に注意を向けたり、理性活動を開始したり、総じて何かを考えたりできようか。……この快楽の渦はとても大きいので、人々は日夜全く間断なく自分の感覚が快楽の高みに引き上げられるように刺激されたがる。良い精神を授けられた人は自然がわたしたちに快楽を全く与えなかった方を選ばないだろうか。

(『ユリアヌス駁論』金子晴勇訳、「著作集30」教文館、258―259頁)

アウグスティヌスはこのように語ってから、続けてキケロのように「最初の人類の生活について、身体の復活について、何も信じていなかった人」でもこのように発言しており、「わたしたちは真実で宗教的な敬虔の哲学によって肉が霊に敵対して、霊が肉に敵対して欲しているのを学んだ。だから、信仰をもっていない人たちの真実な議論を聞いて、赤面すべきである」と霊肉の対立を知らないユリアヌスを批判する。つまり「キケロは霊と肉との戦いがどこから起こっているのか知らなかったのに、彼はあなた〔ユリアヌス〕のように肉の情欲に好感をもっていなかった。むしろ彼は情欲を激しく非難した。それなのにあなたは情欲を非難しないだけでなく、非難している人たちに激しく怒っている」（前掲訳書、259頁）。

キケロは**万有在神論者**であったが、その根底において宗教的性格を色濃くもっており、宗教を「敬虔な感情」と考え、次のように語っていた。「神々への信仰にかかわるあらゆる問題を注意深く再検討し、いわば〈読み直す〉（relego）ことを行った者たちは、この〈読み直す〉行為にちなんで〈敬虔な者たち〉（religiosi）と呼ばれた」と（キケロ『神々の本性について』第2巻28節、72、「著作集10」134頁）。この敬虔の感情は神々が人間に授けたものであって「崇敬や畏怖といった感情が消えてなくなるのが必然であるなら、これらの消滅とともに、わたしたちの生活には大混乱と破綻とが待ち受けるだろう」と言われる。キケロは続けて言う、「かくして神々にたいする敬虔な気持ちがなくなれば、信義や人間社会の絆、さらには諸徳の中でも唯一際だつ正義の徳といったものも、おそらく消えてなくなるだろう」（前掲訳書、6―7頁）と。それゆえキケロの宗教は本質的には万有在神論であっても、この哲学の宗教的性格のゆえに、アウグスティヌスは自らの幼い頃から親しんできたキリスト教を思い出したといえよう。こうして彼は青年時代に感性と理性の分裂に悩み、宗教的な霊性を探求し始めたのである。

このような感性と理性による「内心の分裂」はその後の経験から次第に深められ、幾多の冒険的な試み・挫折・絶望などの紆余曲折を経て徐々に心のなかに深く刻印されるようになった。この意識が遂に彼の生涯に決定的な転換を与えたミラノでの回心となった(これについては本書第2章で述べることにしたい)。

(4) 神秘主義とキリスト教的霊性

アウグスティヌスは新プラトン主義を経てキリスト教の救いに到達した。この歩みは彼の霊性思想にとって重要な意味をもっており、その内容も次第に深められ、成熟するようになった。アウグスティヌスが神秘主義者であるか否かについて意見はさまざまであるが、彼が好んで用いた「**神の観照**」(contemplatio Dei)、「**神の直視**」(visio Dei)、「**神の享受**」(fruitio Dei)という言葉によって、通常の理性による認識を超えた内容が表現されていることは確かである。確かに、神秘主義にはさまざまな形態が歴史のなかに現れたが、アウグスティヌスに発しドイツ神秘主義に向かう中世キリスト教神秘主義の流れは、信仰の敬虔な生活から生まれ、キリストとの一体感のなかに生き続けながらヨーロッパ的な霊性を育成した。しかし彼の思想では中世で説かれた神と魂との「**神秘的合一**」は暗示的にしか表明されず、むしろ神と人との異質性が強調され、この断絶を克服する「道」がキリスト教によって示された。なかでもキリストとの愛の交わりが強調されており、たとえば『ヨハネ福音書講解』では「それでは神を心から信じるとはどういうことか。それは信じることによって神を愛し、信じることによって尊重し、信じることによって彼のうちに入り行き、その体《からだ》に合体されることである」(『ヨハネ福音書講解』XXIX, 6.)と説かれた。この体というのは神秘的な「キリストの体」を意味しており、ここにキリストと信徒の魂との信仰による神秘的合一による「交わりの神秘主義」が説かれた。こうして神秘主義は霊性を育むことになり、その霊性は一般に「人なるキリストから神なるキリストへ」と向かう超越の歩みとして語られるようになった。それゆえ「この人なるキリストから神なるキリストへというアウグスティヌスの命題は、高く聳える灯台のごとく全世紀にわたるキリスト神秘主義に目的への正しい道を示している」(M.Grabmann, Augustins Lehre von Glauben und Wissen und ihr Einfluss auf das mittelalter-liche Denken, in: Aurelius Augustinus hrsg. M.Grabmann und J. Mausbach, 1930, S. 93)。

このような神秘的な霊性の歩みはその後アウグスティヌスによって「**魂の七段階説**」や「**三段階説**」でもって説明された。たとえば初期の著作『魂の偉大』には神の観照に向かう七段階が述べられる。そこでは⑴生命現象、⑵感覚、⑶学術、⑷徳、⑸静寂、⑹接近、⑺観照が区別され、魂が観照に向かって超越すべきことが説かれた（同じ初期の著作の中で霊的な発展の七段階は『マニ教を反駁して創世記を論じる』〔388-390〕で述べられている。ここでは7段階が比喩的に解釈されている）。

中期の代表作『告白録』や『三位一体』では霊性の発展はいっそう簡潔で明確な構成を取るようになり、上昇的な超越の歩みは三段階説を採用するようになった。たとえば『告白録』第7巻では(1)魂の内面への転向がまず述べられ、次に(2)「魂の目」によって自己を超えたところに不変の光を見る体験が語られている。さらに(3)不変の光の照射をうけ、突き放されるという経験が示される。ここまでは新プラトン主義と同じであるが、この認識の挫折は神の側からの声を啓示として聴く**「心の耳」**に向かわせる。ここにキリスト教に独自の霊的な御言葉を聴くことで成立する救済体験が入っている。ここで注目しなければならないのは、後述するミラノの経験のように一瞬の直視によって神から突き放されないで、その至福な状態に留まるには理性的な知的直観が神自身の啓示の声に聞くことによって支えられなければならないという要請である。つまり神の御言葉を聴く「心の耳」の受容作用が要請される。見るという直観の作用は、なお、依然として、神との間に主・客の距離と分裂を前提とする。これに反し啓示の声を聞く聴覚の作用は、元来、受動的であるのみならず、語られた言葉が、直接、心の肉碑に刻み込まれるため、確固たる態度をもって生の方向転換たる回心を引き起こすことになる（この点に関しては金子晴勇『アウグスティヌスの人間学』創文社、280—283頁を参照。なお、「聞く」作用の意義についてはU.Duchrow, Sprachverständnis und biblisches Hören bei Augustin, 1965 , S. 73-89を参照）。

この意味で晩年のアウグスティヌスは人間が霊的に誕生しなければならないことを強調するようになった。『神の国』の最終巻ではこれを「霊的な誕生」として次のように語っている。

使徒は、人間が敬虔と義に従ってかたち造られる霊的誕生(institutio spiritualis)を、このような肉的誕生になぞらえて述べている。「たいせつなのは植える者でもなく、水を注ぐ者でもなくて、成長を与える神である」（Ⅰコリント3・7）と（『神の国』XXII, 24, 2)。

このような魂の新生こそキリスト教霊性思想の核心をなすものであって、それは人間の自然本性の改造をもたらす。アウグスティヌスはこの観点にもとづいて、再度、7つの段階説を述べている。しかし彼が強調したのは、真理の認識と善に向かって愛が段階的に上昇することであり、しかもそれが知恵と諸徳を身に付けて神の至高にして不変なる善を強く欲求することにもとづいている点である。これを可能にしてくれるのが「霊的な誕生」(institutio spiritualis) に他ならない。

これを彼は七つの機能と段階を通して次のように展開する。

こうして神は、(1)人間の魂(anima)に(2)精神(mens)を与えられた。精神を座とする理性と知性(ratio, intelligentia)とは、子どもにあってはまだ眠ったままであるが、年齢が進むと目ざめ、大きくなって知識と教えとを受け取ることができるようになり、(3)真理の認識(perceptio veritatis)と(4)善への愛(amoris boni)をもつようになる。精神はその能力によって(5)知恵(sapientia)を吸収し、(6)諸徳(virtutes)をそなえ、……ただ(7)神の至高にして不変なる善のみを希求すること(desiderio boni summi atque inmutabilis)によってのみ、悪徳に打ち克つのである。

(同 XXII, 24, 3)

そのときの霊の状態を彼は次のように語っている。

もはやどんな悪にも染まらず、これに支配されず、これに屈することなく、戦いが誉れとなる相手も失せて、まったき平和に達した徳のうちに完成するとき、人間の霊はいかばかりのものとなろうか。神の知恵が最高の至福を伴ってその源から汲まれるとき誤謬もなく労苦も伴わない万有の知識は、いかほど大きく、いかほどうるわしく、いかほど確かなことであろうか。身体（corpus）があらゆる点で霊（spiritus）に従い、これに十分養われて他の栄養を少しも必要としないとき、その身体はいかほど優れているであろうか。それは肉の実体をもちながらも肉的な壊敗はまったくなく、魂的ではなくて霊的になるであろう。（同 XXII, 24, 5）

これがアウグスティヌスの霊性に対する理解であって、彼は最晩年のペラギウス論争の諸著作でもペラギウスの人間の本性に立脚した自然主義的な道徳哲学と対決して、自然本性の「霊的な誕生」を説いてやまなかった。そこではキリスト教的な基盤に立った絶対的な恩恵が「活動的な恩恵」（gratia operans）や「先行的な恩恵」（gratia praeveniens）として説かれた（この恩恵概念の発展については J.P. Burns, The Development of Augustine's Doctrine of Operative Grace, 1980 の研究を参照）。

これまで考察したアウグスティヌスの「魂の七段階説」と「三段階説」は、中世に受け継がれて神秘主義を説くための方法として積極的に採用された。とはいえアウグスティヌスでは一般に神秘主義が説く観照と合一については、いつも終末論的保留がなされ、それは希望の下に置かれた。したがってプロティノスの影響によって叙述された神秘主義よりもキリスト教的な霊性の確立のほうに彼の関心は向けられていたといえよう。

第2章　『告白録』の霊性思想

古代教会における教義学上の最大の主題は「**受肉の問題**」であった。そこから三位一体論とキリスト論の教義が生まれた。このように受肉を中心に神学が形成された時代には永遠的なものに与ることへの関心と渇望が霊性的な「敬虔」を導き出した。そこではプラトン主義が重要な役割を果たし、キリスト教とは異質であったにもかかわらず、そこに息づいていた永遠への志向のゆえに受容され、キリスト教的プラトン主義というこの時代に特徴的な霊性を形成した。キリスト教的古代の教会では永遠なものに対する熱望から敬虔の類型が創造され、現世否定と神への献身によって霊性が育成された。たとえばアウグスティヌスは霊性を「神に対する対向性」（第1章「心の対向性」としての霊性思想参照）として捉えて、それを**回心物語**によって提示した。

初期の思想は彼が受けたストア派の道徳哲学と新プラトン主義の神秘思想によって彩られたキリスト教という性格をもっており、「三色刷りの著作」となっていたが、やがて古代の哲学から次第に自己を解放し、独自なキリスト教思想を形成するようになった。これが人間観に直接反映し、精神と身体との二元論から次第に離れてキリスト教的な霊の理解に達した。それは成熟期の代表作『告白録』に回心物語として述べられるようになった。この作品は回心後15年を経て書かれた自伝的文章からなり、キリストの受肉による救済という観点から人間の全体が解釈されている。とりわけ人間の理解は「神の前に立つ心」に向けられ、それが「**不安な心**」として明瞭に提示される。ここでは人間を魂と身体とに分け、二世界を想定する二元論的な古代的図式が後退し、心が人格的に呼びかける神に応答するという側面が強調されている。しかも修辞学校の時期に学んだキケロの『ホルテンシウス』の読書体験に現れている精神と身体との二元的対立は感性と理性との戦いによる内心の分裂として残されてはいても、それは一つの魂の内における霊・肉の葛藤によって置き換えられた。神は人間に呼びかけ、人間はこれに応答する。神は人間を愛し、人間は神を愛し返し、それによって自己を完成する。こうした神と人との**相互的対向の関係**の中で人間は人格的存在にまで高められる。アウグスティヌスは「心」(cor) の概念によってこうした心情の変化を見事に表現することに成功した。この概念は「心を尽くして」から採用された聖書的概念である。しかも「心のあるところに幸福か不幸かがある」(『音楽』VI, 11, 29) とあるように、人間存在の「中核」(medulla) とも「最奥」(intimum) とも呼ばれた。したがって「わたしの心のあるところ、わたしはいかなる者であれ、存在する」（『告白録』X, 3, 4）とも言われているように、心は個人に固有な、全体的、一回的な存在がもっている心髄である。この固有な存在である個人の「心」に向けて神は語りかけ、信仰かそれとも躓きかの決断をすべく応答的責任性を呼び覚ましている。したがて心は人間存在の中核であるのみならず、同時に神の愛の対象として、有限的存在ではあっても、永遠的意味を帯びてくる。これこそキリスト教の「霊」に相当する概念である。

（1）「心」概念で霊性が語られる

わたしたちは『告白録』の巻頭の言葉から「不安な心」がどのように語られているかを前章で考察した。そこで次にどのような歴史的状況と精神史的境位のもとにアウグスティヌスがこのような理解に至ったかを、彼の人物像から考えてみたい。なぜならわたしたちがアウグスティヌスに関心をもたせられる理由は、単に学問的な関心だけでなく、彼の人格・人柄そのものにも個人的にも関心を惹《ひ》かれるからである。

キリスト教の教義史の大家であったハルナックはアウグスティヌス的人間とゲーテのファウ

ストとを比較し、両者の類似性を指摘している。というのは真理を探求せんとする燃えるがごとき情熱、絶望の淵での佇《たたず》まい、永遠の愛による救いなどの類似性がそこに見られるからである。

だがアウグスティヌス自身の人となりにもあのファウスト的二元性が認められる。異教徒だった父から受継いだ抑制されない生の享楽、飽くことのない名誉心と世知に富んだ知性、これに対し敬虔なキリスト教徒の母モニカから受けた優しく温い心情、高貴な魂、清い愛が彼のうちに二元的に対立抗争し、相争って激突し、ここからあの豊かな内面的な世界が形成された。これはあたかもプラトンのエロースのようであり、エロースの神がポロス（豊富）とペニヤ（窮乏）から生まれ、哲学の地盤となっているのに似ている。このエロースが知識の観点から見られるとき、「無知の知」ということがプラトンによって示唆的に説かれたが、この「無知の知」(docta ignorantia)という術語もアウグスティヌスに発するとされているのも不思議ではない。このような心情と精神的内面性から生じる豊かな思想は、とくに彼の生前にも、人々に親しまれ、最もよく読まれた、『告白録』という書物に生き生きとした姿をもって表現されている。

『告白録』はわたしたちがみずからの姿を写し見る鏡であるとも言われており、そこでの自己省察と内省分析による思索の方法こそ彼をして「最初の近代人」たらしめている。それゆえ、わたしたちは個人的な関心を彼に感じて魅了されるのであるが、告白といっても、単に近代的自我の目覚めから生じる自然主義的告白文学とは異質である。というのは、「告白」が同時に神の「讃美」をも意味していたからである。つまり告白は自己意識の産物ではなくて、神意識の源泉から起こっている。

アウグスティヌスの生涯と思想を知るためには『告白録』とならんで彼が晩年に書いた『再考録』が読まれなければならない。これらの書物を読むと、彼の若き日の体験と思索が次第に深まり、進歩し、発展していることが明らかになる。とくに司教に就任した年を境として、彼の思想が哲学的傾向から神学的傾向へと移っていることが指摘されよう。あとで明らかにされるように、わたしたちは彼の生涯と思索における内的発展を確認できるのであるが、それにもかかわらず彼の生涯を通して首尾一貫した生活感情と思索の態度とをまず把握しなければならない。それは偉大な思想家たちのうちに、内的な、あるいは外的な歴史的諸条件により影響を蒙りながらも、首尾一貫して保持され、維持されていて、彼らの思想においてとくにきわだった特徴となっている。それはみずからの根源から原理的に思考する態度であるといえよう。その一点を押すと、彼らの全思想が生きて動く支点、地球をも動かすアルキメデスの点を彼らは所有している。アウグスティヌスにおいてもかかる点が求められなければならない。これこそわたしたちが探求しようとしている「**不安な心**」のあり方・構え・情態性の中に見出されるものである。この魂の構えから「告白」という彼の根本的態度が生じて来ている。

アウグスティヌスは生きた人間として思惟し、探求している。哲学的認識ということが問題となっているときも、認識と認識する者のあり方とが絶えず結びついて考えられている。したがって、自己の問題のみならず、外界の事物や事象の探求も自らに関係づけて考察しようとする主体的態度を彼はもち、さらに神を問題とするときにも「みずからの内よりもさらに内に」神をとらえようとした。彼は言う、「しかしあなたは、わたしの最奥よりもなお奥に、わたしの最高よりもなお高くいました」と。このように外界の事物や神を対象とする形而上学的思惟に先立って、否、形而上学的思惟の根底に、主体的で内面的な心の学、したがって彼の霊性が認められる。そこには言葉の本来的意味での心理学が認められる。このような心の学としての心理学による思索は今日の言葉で言えば実存的とも言うべきものである。この実存的な場の根本的な構えを彼は「不安な心」という言葉で簡潔に表現した。

(2) キケロによる知的な回心

アウグスティヌスの言う「不安な心」(cor inquietum) は苦悩に満ちた病める心を表明する。しかも、それは苦悩や悲惨ばかりでなく、矛盾や謎を秘めた存在である。たとえば「わたし自身がわたしにとって大きな謎になった」(IV, 4, 9) と言われる。「謎」(quaestio) とは「問題」のことで、いまや人間が大問題となって彼の前に立ち現れる。この謎は理性の光も届かない人間の心における深淵である。だから「人間そのものが大きな深淵である」(IV, 14, 22) と言われる。人間そのもの、また人間の心の計り知れない深みの前に立ち、彼は驚異の念に打たれた。「このように考えるとき、わたしは強い驚異の念に打たれて、驚愕するのである。人びとは外に出て、山岳の高い頂に、海の巨浪に、河川の広漠に、星辰の運行に驚嘆しながら、自分自身には目もくれない」(前掲訳書、X, 8, 15)。ここに新しい思想の出発点があった。だが、このような内的な危機はどのようにして生じ、どのように救われたのか、これが「悪と転生の物語」である。では、それはどのように起こってきたのか。このことを考えてみたい。

それはいつ頃から感じられたのか。それはカルタゴの弁論学校で学習の順序に従って読んだキケロの『ホルテンシウス』によって生じた。この哲学によって彼はそれまで続けてきた感性的な生活を反省するようになった(この書物はその後見失われ、断片のみ残っている。たとえば『三位一体論』XIV, 9, 12; 19, 26 や『ユリアヌス駁論』IV, 72; 78 に引用されている)。単なる感性や官能的な生活によって満足しなかった彼は、その内心において感性と理性とが激突し、それによって激しい

「内心の分裂」を経験した。彼はその当時熱情的な感性の燃えるような快楽に身をゆだね、名誉を追求し、とくに性愛の虜となっていた。「わたしを喜ばしたのは何であったか。それは愛し、愛せられることではなかったか」(『告白録』III, 1, 1) とある。このような熱烈な愛の人に「哲学」すなわち「知恵にたいする愛」を喚起させたのがキケロであった。

今では散逸してしまった『ホルテンシウス』で彼は何を読んだのか。『ユリアヌス駁論』第4巻におけるこの著作からの引用によると「異邦人の哲学」と「キリスト教哲学」とが比較され、これによって彼が当時何を学んだかを知ることができる。彼は両者のいずれが他に優っているか簡単に言えないと言った後に、「キケロが身体の快楽に反対して精神の活動力について語っていることに注目しなさい」と警告している。こうしてキケロの言葉が引用される。「快楽の衝動がとても大きくあればある程、それは哲学に敵対的となる。身体の大きな快楽は思想と一致することはない。それよりも大きな快楽がないような快楽を享受するとき、誰が精神に注意を向けたり、理性活動を開始したり、総じて何かを考えたりできようか」(本書29–30頁参照)。

キケロの宗教は本質的には万有在神論であっても、この哲学の宗教的性格のゆえに、アウグスティヌスは自らの幼い頃から親しんできたキリスト教を思い出したといえよう。こうして彼は青年時代に感性と理性の分裂に悩み、知的な回心を経験し、宗教的な霊性を探求し始めた。キケロによって知的な回心を彼は経験したが、霊と肉の内的分裂に悩んだ彼は、哲学的な探究を志しながらも、「真理」の探究を標榜する新興宗教であったマニ教の異端に九年の長きにわたってはまり込んでしまう。それによって「内心の分裂」は善悪二神論によって宇宙大に拡大され、幾多の冒険的な試み・挫折・絶望などの紆余曲折を経て徐々に心中深く刻み込まれた。そこで彼の生涯に決定的な転換を与えたミラノでの哲学的回心について考えてみよう。

(3) プラトン主義の神秘的な体験

彼はやがてミラノの新プラトン主義者たちと親しく交際するようになり、恐らく当時ウィクトリヌスによりラテン語に訳されたプロティノスの『エネアデス』と二、三のプラトンの対話篇などを読んだと推定される。その哲学によって彼の心をそれまでいたく苦しめてきた問題、とくにマニ教の影響から来た唯物論的な神観と悪の起源の問題を理論的に解決した。プラトン主義によると神は純粋な霊であり、すべての存在の根源であるから、マニ教が説く神に対抗する勢力である悪は、「存在の欠如」にすぎない。これによって神の存在と悪の問題が理論的に解決を見た。彼は新プラトン哲学の指導を受けて神の神秘的な体験にまで進んでいった。実際、知恵への愛としての哲学が理性の立場に立つ限り、プラトンからプロティノスにいたる歴史が示しているように、その究極するところは神秘的脱自である。

そこでわたしは、それらの書物から自己自身に立ち返るように勧められ、あなたに導かれながら、心の内奥に入っていきました。それができたのは、あなたが助け主になってくださったからです。わたしはそこに入ってゆき、何かしら魂の目のようなものによって、まさにその魂の目を超えたところ、すなわち精神を超えたところに、不変の光を見ました。それはだれの肉眼によっても見られるあの普通の光ではなく、それと同類だがもっと大きく、はるかに明るく輝き、その明るさで万物を満たすような光りでもありませんでした。わたしが見たのはそういう光ではなく、このようないかなる光ともまったく別のものでした。……そしてはげしい光線をあてて弱いわたしの視力を突放されたので、わたしは愛と恐れにわななきました。……そのときはるかに高いところから……御声を聞いたように思いました。……その声をわたしはまるで心に聞くように聞いたのです。(『告白録』VII, 10, 16)

しかし、この神秘的な脱自体験は哲学的な思索の頂点ではあっても、この体験は一時的で瞬間に終息し、かつ、人間の有限性を通して罪の自覚を生じさせた。したがって**神の観照と罪の自覚**とが、二重になって啓示されたことによって新しい地平が切り開かれた。つまり神を知ることが同時に神と人間との絶対的な懸絶《けんぜつ》（著しい隔たりがあること。）の自覚となり、哲学から信仰への大いなる発展となった。新プラトン主義の哲学は、理性の霊的純化を強調する観念的一元論であるがゆえに、その必然的傍系として感性の浄化ではなくその滅却を倫理的目標としていた。したがって、この哲学の強い影響のもとにあったアウグスティヌスの回心は感性にたいする断乎たる否定の遂行として生ぜざるを得なかった。このことは回心の動機となった**聖書の言葉**「酒宴と酩酊、淫乱と好色、争いとねたみを捨て、主イエス・キリストを身にまといなさい。欲望を満足させようとして、肉に心を用いてはなりません」（ローマ13・13―14）が何よりも明らかに物語っている。

ここでわたしたちはアウグスティヌスの「不安な心」のありさまを顧みると、それは理性と感性とのすさまじい戦いとそこから生じた内心の分裂として理解できる。これこそ彼が言う「病める魂」にほかならない。彼は新プラトン主義のもとで万物の究極的実在者、一者なる霊的な神に「一瞬の瞥見《べっけん》」によって触れることができた。こうして知恵への愛は真理の探求をめざしその究極の目的に達した。だが、それは一瞬の出来事に過ぎず、直ちに日常的習慣の世界に転落し、そのことによって却って神を渇望するようになった。それゆえに彼は言う、「そしてわたしは、もはやそれよりも確実な認識をあなたについて求めず、ただ恒常的にあなたの中にながらえることのみを願った」（前掲書 VII, 1, 1）と。しかし、テクストの終わりには神がアウグスティヌスに声をかけており、神の言葉を聞くことから救いの道が開かれることが示唆される。これがミラノでの回心で生じた。

（4）ミラノにおける回心

一般的に言って、キリスト教の時代に入ると、神への愛と現世への愛が衝突し、激しい内心の分裂が経験された。パウロのローマ書第7章後半の「悩める人」がその典型である。アウグスティヌスもパウロと同じ経験をし、『告白録』第七巻で「**内心の分裂**」を体験しており、二つの愛は互いに攻め合い、心を引き裂く状況として語られる（『告白録』VII, 17, 23、同 VIII, 5, 10 参照）。この内心の分裂は「それは全くわたし自身のわたし自身にたいする争闘であった」（前掲書 VIII, 11, 27）と彼は言う。このような内心の分裂こそキリスト教的な霊性思想に至る重要な契機となった。386年の暮にアウグスティヌスは遂に決断の時を迎えた。回心はミラノの「庭園のある家」で起こった。そこに居合わせたのはアリピウスであり、彼はその年までマニ教を信奉していたが、後にタガステの司教となった有能な法律家であった。アウグスティヌスの健康は喘息と声が出なくなることによって弱っていた。このことは彼の不安定な状況の兆候とみるべきか、それとも決断に伴う副次的原因によるものであるか明瞭ではない。彼は自分の教授職を放棄することを決心し、それと共に世俗的職業への野心も放棄した。最大の難関は結婚への意志をいっさい放棄することであった。婦人なしに生きることができようか。彼は宮廷の役所で働いているアフリカ出身の友人からミラノで禁欲生活をしている集りのあることを知った。またエジプトの隠者アントニウスが富を捨てたことも聞いた。アントニウスの生活はアレキサンドリアの司教アタナシオスによって書き記され、西方の読者のために直ちにラテン語に訳されていた。彼らが禁欲生活を実行しえたとしたら、どうして彼にもできないことがあろうか。それとも彼の意志は弱すぎたのか。

彼の回心はキリスト教的古代に生じた典型的なものであった。というのは古代的な教養を尽くして彼は自己形成を行ない、キケロによって知的な方向転換を経験し、さらに新プラトン主義によって哲学的な最高の認識を体得していたからである。それゆえ彼の回心は「世紀の回心」といわれる。続く叙述によって彼がキリスト教の福音によって初めていかに金銭・名誉・女性に対する欲望に打ち勝つことができたかが物語られる。とりわけ女性に対する欲望は手強く、理性と感性との二元的な相克を引き起こす激しい内心の分裂となり、それからの救済を彼は切に願い求めるようになった。このような自己の罪性の自覚から、その救いを求める生き方と探求の態度はパウロには見られなかったものである（パウロとアウグスティヌスの救済体験の相違については金子晴勇『ルターの人間学』創文社、135―143頁参照）。その回心はこの欲望に打ち勝って、心身の全体をあげて神に献身することによって初めて実現した。彼の回心は、パウロのローマの信徒への手紙13・14を読んで起こっているように、身体的な欲望、つまり情欲からの解放が中心的な問題であった。内心の分裂は心身問題と関連しており、心中の対決を惹き起こしたが、彼は不決断の内にさ迷っていたとき、外から聞いた「とれ、よめ」（tolle, lege）の声に促されて聖書を開き、回心の決断がなされた。こうした内心の分裂によって生じる苦悩からの救済と解放を求めることこそ霊性が覚醒される土台であり、重要な契機である。

このtolle, legeについては多くの解釈があって、これはまったくの文学的虚構であるとする説や、主として『アントニウスの生涯』の読書体験による創作であるとも考えられた。しかし、これに反対して、この記録の真実性を肯定する人のなかにも、この「トレ・レゲ」の意味について、それは子どもたちの「錨をあげよ、綱を巻け」という舟あそびの歌であるとか、「投げよ、集めよ」という小石あそびの歌であるとかいう説がある。

アウグスティヌスは「とれ、よめ」の声を聞いて、パウロの手紙を開き、最初目に触れた言葉を神からの言葉として受け、これに従うことによって回心した。これはアントニウスが教会で朗読された聖句に従って修道生活に入ったという模範に倣うものであった。神の言葉を聞いて信じるというのが彼の霊性の特質である。それは「心」のドラマを生み出した張本人であった。それゆえ彼は「心」によっていかに深い悲惨から平安に移ったかを物語る。まず彼は隠されていた悲惨が「心の目」の前に積みあげられ、悔恨のうちに沈んでゆく有様を描く。この霊性は「魂のかくれた奥底から引き出されて」ドラマの前景に引き出された。回心はこのような深い内面の「霊性」を舞台にして起こったのである。そこでは心から呻きが発せられ、涙ながらに神へ向かって心が訴え、専一的にかかわってゆくただ中に、「とれ、よめ」の声を聞き、神の言葉を聞くと「たちまち平安の光ともいうべきものがわたしの心の中にそそがれて、疑惑の闇はすっかり消え失せた」とある。彼が神の言葉を聞いて、心に受容したとき、回心が起こったのである。

回心はこのように一瞬の出来事であった。『告白録』第9巻にはこの出来事の残響があって、その内実が次第に明瞭になってくる。神の言葉は心の外から文字を通して読まれるものであって、「わたしはこれらの聖句を外に読み、内に認めて叫んだ」(前掲書 IX, 4, 10) とあるような出来事が生起したのである。先のテクストでは「心」のなかに平安の光がそそがれたとあったが、それは聖書にある文字が心の肉碑に深くきざまれることを言う。これを行なうのは神の愛であり、聖霊のわざである（ローマ5・5）。この事態を説明して彼は言う、「あなたはわたしたちの心をあなたの愛の矢で貫かれた。そこでわたしたちは、はらわたにつきささったあなたのことばを身に帯びた」（前掲書IX・2・3）と。したがって愛の矢が心中深く射込まれると、外的な文字のことばが、はらわたを通って身中に入り、その人の内から理解をおこし、神に向かって新たに言葉を発するようになるといえよう。この意味で教会の賛美歌についても、「その声はわたしの耳に流れこみ、あなたの真理はわたしの心にしみわたった」（前掲書IX, 6, 14）とも言われた。

むすび

彼の回心はキリスト教的古代の教養を尽くして彼は自己形成し、学校で学んだキケロによって知的な方向転換をなし、さらに新プラトン主義によって、哲学的な最高の認識を獲取していた。それゆえ彼の回心は「世紀の回心」といわれる。

しかしここで注目すべき点があって、プラトン主義の神秘体験とキリスト教の救済体験の相違もはっきりと述べられている。それは「見る」（観照）と「聞く」（聴従）の相違である。見るというのは対象との距離の上に立つ認識であるのに対し、聞くとは対象にいっそう接近した感覚作用である。視覚が遠隔感覚であるのに対して、聴覚は他者との対話における知覚作用であって、触覚の近接感覚と視覚との中間に位置する。視覚の遠隔感覚が距離の上に立つ対象認識を構成しているに対し、聴覚には人格的な応答行為があって、両者の相違は明確である。この点に関して他の論文でわたしは詳しく述べてきたのでここでは省略する（金子晴勇『人間学講義』知泉書館、第6章「感覚の人間学——視覚と聴覚の人間学」87−100頁参照）。

このような霊性の理解には悪魔との闘争が同時に語られている。彼の『書簡217「ウィタレスへの手紙」9−11』にはこの悪魔との闘いが印象深く語られる。彼によると「闇の力とは悪魔とその天使たちの力のほか何でしょうか。この天使たちはかつては光の天使であったのに、自由意志によって真理の内に留まらないで、そこから転落し、闇となった」。アダムはこの力によって罪を犯すように説得され、その転落によって人類は闇の力に服した。「この闇の力、つまり悪魔は空中の権を司る君主とも呼ばれており、不信の子らの中に働いています。……この〔悪魔の〕力は自分の悪事のほかに、とりわけ彼らが信仰の敵となる不信と不誠実のほかに、何を不信の子らに対して働くでしょうか」。したがってこの〔闇の〕君主は人々が神を信じないように狙っており、「それによって彼のわざが滅ぼされる、仲保者のところに信仰によって人々が来ないように狙っている」(『書簡集』アウグスティヌス著作集別巻II、金子晴勇訳、331―332頁)。これは聖書に記録されており、それにもとづいてアウグスティヌスは主張する、「仲保者自身が〈強い人の家に入っていきます〉(マタイ12・29)。つまり悪魔の力のもとに服しているこの死すべき人間の世に入っていきます。なぜなら悪魔について聖書には〈死をつかさどる者〉(ヘブライ2・14)と書かれていますから。仲保者は強い人の家に、つまり人類をその支配下に収めている者の家に入っていきます。彼はまずこの者を縛り上げます。つまり彼の有するいっそう強力な鎖でもってその人の力を閉じ込め、拘束します。……このことは恩恵のわざであって、自然本性のわざではありません。わたしは主張します、それは第二のアダムがわたしたちにもたらした恩恵のわざであって、第一のアダムが自分自身によってその全体を滅ぼした自然本性のわざではありません、と。それは罪を取り去り、死んだ罪人を生かす恩恵のわざです」(前掲書332頁)。ここにはサタンと対決するキリストとその恩恵が鮮明に説かれている。

第3章　神への超越と霊性機能

アウグスティヌスの霊性思想の特徴は、彼の心の憧れが永遠者に向かう超越から生まれている点に求めることができる。古代末期には人々は概して心に感じられる不安と罪責からの救いを永遠者に求めるようになった。だが、そこには同時に現世の超越を説いたプラトン主義が唯一の思想として支配しており、さらに宗教性を伴った新プラトン主義による超越志向が一般に受容されていた。そうした影響の下に信仰心と同義の霊性が主として超越機能によって明瞭に説かれるようになった。そこにアウグスティヌスの霊性思想の特徴を探求することができる。この点を彼の主要な作品を通して解明してみたい。

(1) 霊性の超越機能

前章で解明したアウグスティヌスの「不安な心」の運動は、初期の代表作『自由意志論』（De libero arbitrio）では「心情」の運動として把握されていた。この著作で彼はマニ教の善悪二元論と対決し、道徳的判断の下にある一切の行為が、他の何ものによっても動機づけられない自由意志に由来していると説いた。これによって罪の概念が変わり、「罪は無知である」というソクラテス的理解は捨てられ、「高慢」（superbia）があらゆる罪の源泉であると主張された（『自由意志論』III・25・76参照）。また人間が意志の自由な決断によって行為する主体であることから、意志の特質は精神の運動（motus animi）、もしくは対象に向かう指向性（intentio animi）や愛の動き（affectio, affectus）として捉えられた。この心の運動は「心情」（affectus cordis）として「精神の受動性」（passiones animi）と同義であるが、彼はこれをいわゆるストア的な情念としてではなく、プラトン的な精神と身体との二元論を超えて捉え、人間の全体的な運動とその方向性という情意と愛の動態もしくは傾向性として理解したといえよう。

この affectio（情意）概念は『自由意志論』では自然学的使用から倫理学的使用に移行しているが、『カトリック教会の道徳』ではもっぱら神と人間との人格的愛の関係に用いられている。しかし、初期の思想を総括する『真の宗教』では心の情態における内的出来事が身体的空間に現象すると見られるようになり、それが人格の作用として把捉されるようになった。またこの affectio

は defectio との対立関係のなかに定着してくると、affectio は ad-fectio〔対向性〕として de-fectio〔離反性〕からの動向転換を内包するものとなり、第一章で考察した『告白録』の「心」概念に近づき、神に向けて造られている存在者の「根源的対向性」として霊性的な自覚をもたらした（金子晴勇『アウグスティヌスの人間学』第2部、第1章参照）。

しかし愛の方向転換を実際に実現するためには、神の恩恵が必要である。この恩恵によって魂は新生し、「霊的人間」（homo spiritualis）が誕生する。この霊的人間が形成されるために神の知恵自体なる神の独り子が「人間の全体」（totus homo）を摂取し、更新の道を拓かねばならなかった（『自由意志論』III・16・30）。こうして受肉思想にもとづいて神へ向かう真の超越が説かれるようになり、罪から信仰へと決断することによって神へ向かう対向性として霊性が把握されるようになった。

(1)『真の宗教』における「超越の命法」

そこでこの霊性の超越作用が『真の宗教』では「超越の命法」として説かれるようになった。この命法は「内面性の命法」として聖なる永遠者へ向かう超越を意味するが、自己の内面である「精神への超越」と精神を超える聖なる「神への超越」との二重の運動から成り立っている。したがって自己への超越と神への超越という二重運動を導き出している。つまり自己超越と神への脱自的超越との二面性から成りたっている。

外に出ていこうとするな。汝自身に帰れ。内的人間の内に真理は宿っている。……そしてもし汝の本性が可変的であるのを見いだすなら、汝自身を超越せよ。

(『真の宗教』、III, 16, 30; 39, 72)

ここで言われる「外に」とある「外」とは、自己の面前に広がっている世界の全体である。世界の外的な現れは感覚を通して知覚の対象となっている。だが感覚ほど人を欺くものはない。たんなる感覚ではなく、理性の作用によって初めて世界は正しく認識される。そのために「真理自身が宿っている」あなたの内心に立ち返れという命法《めいほう》が発せられる。こうして内面に向かうことは自己自身を実現することではなく、同時にそこに宿っている真理にもとづいて世界を認識するように求められる。このことが第一の命法が要請する内容である。ところが人間の精神は残念ながら有限で、誤謬を犯すことを免れない。そこで第二命法が第一のそれに続いて発せられる。この場合の「汝」というのは「理性的魂」(ratiocinans anima) を指しており、それを超える上位の機能は「知性」(intellectus) もしくは「直観知」(intelligentia) と呼ばれる。

これらの認識機能は永遠の理念のような超自然的な対象に向かうので、理性機能をも超越しており、知性的な霊性を意味するものである。このような二重の命法からなる運動は霊性に固有な超越の機能によって実現される。したがって**霊性の超越運動**はここでは「外から内へ、内から上へ」という二重の超越の道を形成している。

(2)『三位一体論』における理性と霊性

そこでわたしたちは理性と霊性との関係を体系的に追求している『三位一体論』を参照してこの問題を考察してみよう。この書ではキリスト教が強調する三位一体の神は、理性的には単純に理解されないので、一見すると理性には不可解な神の実体が一であり、ペルソナが三として語られるような、神の認識がいかにして可能であるかが問われる。その際、アウグスティヌスは神の本質を示す言葉を検討しながら、『真の宗教』で説かれた、人間の魂のうちに宿っている「内的真理」(veritas interior) に向かう愛の働きのなかに、神の認識に至る端緒を見いだす(『三位一体論』VIII, 1, 1-7, 10)。

この愛の動きは神への対向運動という霊性作用のなかで考察される。そこで彼は『三位一体論』第8巻で愛の経験的な現象を分析することから始める。そして愛の運動には、**愛の三肢構造**

(tria) があることを解明する。というのは一般に言葉が何かを述べながら同時に自己自身をも語っているように、愛も何ものかを愛しながら同時に愛そのものを愛している。こうして愛は愛の根源である神につながっている（前掲書 VIII・8・12)。そこから「**愛する者**」(amans)・「**愛されるもの**」(quod amatur)・「**愛**」(amor) の三肢が導き出される（前掲書 VIII, 10, 14)。このような愛の対象志向性は認識をして対象の存在や記憶内の表象に依存させることなく、対象を志向し関心をもつ心の注意作用 (intentio animi) とか意志のなかで考察される（前掲書 IX, 2-3)。このように愛の現象を使って、愛自体である神の認識にまで考察が進められる。

このような愛の三肢構造は、愛する者と愛される対象との二つの実体から成立するので、三にして一なる関係構造をもたない。ところが愛する者と愛される対象とが実体的に一であるのは、自愛 (amor sui) の現象である。とはいえ自愛の現象では愛する者と愛との二肢構造であって三肢がない（前掲書 IX, 2, 2)。ところが自愛という現象は自知 (notitia sui) なしにはあり得ないがゆえに、愛が知を媒介にして自己を精神 (mens) として定立するとき、精神の自己規定の中に三一構造、つまり「**精神・自知・自愛**」がとらえられる。この精神の三一構造は、三肢がそれぞれ独立でありながら相互に関わり合う、三位一体の神の**類似像**である（前掲書 IX, 3, 3-5, 9)。ところがこの像は、精神という一つの実体の内部においてのみ見いだされる三肢が相互に関係し合っていることを表すが、精神の基体である魂が可変的であるがゆえに、永遠なものではあり得ない。そこで、アウグスティヌスは『真の宗教』の二つの命法の場合と同じく、「自己のうちに見る」(videre in se) ことと、魂のうちに宿っている「真理自体のうちに見る」(videre in ipsa veritate) ことが相違することを指摘する。この事態は、既述のように、内面性の命法が自己への超越と真理への超越とに分けられていた点に符合する。精神が不変の真理を認識するとき、精神自身よりもさらに内的である真理を認識しており、そのような認識を行なうものは知性 (intelligentia) である。この知性は魂が真理を観照しているときに働いており、この「知性」を「記憶」(memoria) 内部の真理自身に向けるのは「意志」(voluntas) の働きである。ここから知性的認識における三一構造として「記憶・知性・意志」という類似像が把握される (前掲書 IX, 6, 9 ; X, 11, 17)。このようにして把握された精神の認識機能は神とかかわる心の作用として霊性の機能と動態を明らかに示している。

(2) 聖なる愛と霊性の活動

わたしたちはこのような三位一体の類似像を発見する手引きとなっているのが愛の現象であ

り、この愛が知性を媒介にして知性的な認識が展開することを解明した。そこに人間における精神の機能が同時に探求された。このような認識の機能は神を捉える霊性の機能であると言えよう。というのも愛の本性は愛する対象に向かいながらも、同時に併発的に自己に向かうのみならず、さらに自己をも超えて愛の根源なる神に向かう超越運動となるからである。このような愛は神に向かって働くがゆえに、単なる欲望でも、善悪無記《ぜんあくむき》の中性的な欲動でもなく、神から心に注がれた「神の愛」(caritas Dei) から生み出される聖い愛 (カリタス) であって、神に対する愛と自己に向かう愛とを一つに融合させた統合体となっている。それゆえ彼は「わたしたちが神を愛すれば愛するほど、わたしたち自身を愛している」(前掲書 VIII, 8, 12) と語ることができた。そうすると精神は知性的対象としての理念に向かいながらも、同時に自己をも愛している。

神の愛と自己愛とは一般的には対立しているのに、アウグスティヌスの精神においては、この二つの運動が相互に矛盾しないで同時併発的に起こっている。すなわち愛は自体的に何かに向かう志向性でありながら、愛の根源である神とその創造思想たる理念に向かう運動を起こしている。このように人間の精神が自己を愛しながら、その愛が真理に向かう運動を起こすなら、そこには理性や知性を超えた霊性の機能が見いだされる。したがって神への愛である関係のなかに霊性の機能が見いだされる。それゆえ、第1章で考察した**「神への対向性」**としての**霊性**は、真の自己となる人格形成の根底に働いており、神の力を受容することによって自己の存在を新たに創造するのである。

ここにわたしたちは精神が自己と関わりながら、同時にそれを超越した神や真理を志向して、それに関係するという関係の二重構造を把握することができる。したがって人間は自己自身に関わりながら同時に自己の超越に関わっているという二重の関係構造の中で、自己とかかわりながら、自己超越を志向する心の働きを見いだすことができる。ここにアウグスティヌスは霊性としての精神機能を解明したと言えよう。人間の精神は自己自身にかかわりながら自己を超越する真理に立ち向かい、その超越作用を霊性として捉えることができる。この霊性の作用によって精神はその認識の究極において**神の直視**にまでいたる。これが超越としての霊性の作用である。

精神の認識作用のうちに探求された神の像は別の形で表現すれば「**存在・認識・愛**」の三一構造としても一般化して捉えることができる。そのなかでわたしたちが留意すべき重要な点は、彼〔アウグスティヌス〕が認識の作用に愛を不可欠の本質として加えたことである。愛なしには精神は知性的理念にも、その理念界の統一者である神へも向かうことができない。否、信仰によってこの愛が現世的な欲望から清められ、神に向けて秩序づけられていないならば、神の観照など思いもよらぬことである。これがアウグスティヌスのキリスト者としての確信なのである。したがって信仰によって心が清められなければ、理性は総じて神の観照に向かうことさえできない。それゆえ「アウグスティヌスが愛を観照における本質的要素として加えたことによって、まさに彼の観照（cotemplatio）の概念〔観照：対象の本質を客観的に冷静にみつめること〕を、本質的に純粋な悟性認識にとどまっているギリシア的観照（テオリア）から区別している」と言うことができる（M. Schumaus, Die psychologische Trinitätslehre des heiligen Augustinus, S. 306f.）。

元来アウグスティヌスの哲学は、知恵そのものである神に対する愛を解明することのほか何の目的ももたない（『神の国』VIII, 1）。この愛は認識を媒介にして展開するが、認識主体のなかに宿る愛と意志がいつも認識に対し考察の対象となっている。また愛は愛の根源である神にまで不断に引き寄せられるため、自己の存在もしくは記憶（意識）に現在する理念を知性によって捉え、理念において世界と自己との存在の全体を認識し、かつ、自己をそこに向けて秩序づける。このような愛をもって存在の全体を秩序づける働きがわたしたちの霊性の機能である。

（3）「神の像」と「神の似姿」

さらにアウグスティヌスは『三位一体』第12巻で精神の認識作用を、その下位と上位の働きに応じて、知識と知恵とに区別した。この区別はカントの考えに従って言い表わせば、「**悟性**」(Verstand)と「**理性**」(Vernunft)の区別に当たる。しかしアウグスティヌスによれば精神は知識から知恵に導かれるから、理性と知性の区別といってもよいであろう。したがって知識というのは単なる事物の外面的知識ではなくて、「真の祝福に導くもっとも健全な信仰が生まれ、育てられ、守られ、強められるものだけが知識に属する」(『三位一体論』XIV, 1, 3)と言われる。だから知識はそのうちに知恵をもつものとして真理を表現しており、とくに神の言葉の受肉は時間のうちへの真理の現われであり、歴史的啓示としての知識にほかならない。それゆえ信仰の行う認識はイエスにおいて啓示された永遠の知恵を対象とするため、時間的なものであるかぎり知識に属していても、永遠の真理に確実に導くものである。それは永遠への必然的導きの星である。こうして人間であるイエスを通して神なるキリストへとわたしたちが導かれる、と彼は言う(前掲書XIII, 19, 24)。

しかし信仰の認識は時間上の過ぎ去る事物に関わっているかぎり、永続するものではなく、神の全き観照が成立するときまで続くにすぎない。永遠不変なのは知恵そのものであり、永続するのは神を観照する知恵の認識である。このように説きながらもアウグスティヌスは「最高の知恵は神であり、**神の礼拝が人間の知恵である**」と語った(前掲書XIV, 1, 1)。彼は精神の三一的な作用の全体を神に向け、神の本質である知恵に関与することを神の礼拝（colere Deum）とみなした。こうして彼は「知恵（sapientia）とは神の礼拝（cultus Dei）である」と繰り返し語った（前掲書XIV, 1, 1; In Joan. Ev. tr. XXVIII, 28; Enchiri., 1, 2）。そうすると神の認識は、観照という高次の直観でのみ成立するのではなく、礼拝という実践的な行為の中でも実現することになる。というのも、このことは観照の至福直観が終末において実現すると考えられたため、そこにいたる信仰の歩みの中でも礼拝という形のなかで神への関わりが現実に起こっているからである。したがって「**記憶・知性・意志**によって行なわれる礼拝は、一般に人間精神が神の像であるところの知恵の内実を制限している」と言えよう（Schmaus, op. cit., S. 309）。ここにも認識する人間の現実の存在が反映しており、礼拝という実践的な形式で知恵の内実が制限されたのも、現世に生きる間には神の観照が不可能なことから生じているといえよう。したがって現世では理性による神の観照は、ただ希望のもとにあり、信仰による神の礼拝こそ「人間の知恵」として強調されるようになった。この礼拝において神と一つになることを彼は「一つの霊（unus Spiritus）となる」というパウロの言葉によって彼は次のように語っている。

精神が究極的に神に寄りすがるとき、「しかし主に寄りすがる人は神と一つの霊となる」と使徒が証言しているように、一つの霊となるであろう。このことは神の存在・真理・至福の分有にまで精神が到達することによるのであって、神がその存在・真理・至福において増大することによるのではない。したがって精神が幸いにも神に寄りすがるとき、神の存在のうちに精神は永遠不変に生き、精神が観るすべてを変わることなく見るであろう。こうして聖書が約束しているように精神の渇望は良いものをもって、すなわち精神がその像である三位一体の神そのものによって満たされるであろう。

（前掲書 XIV, 14, 20;『告白録』VII, 11, 17 参照）

これは確かに終末の完成時のことを述べた文章ではあるが、信仰による神への帰依は礼拝の基本行為であるから、それは現在でも信仰によって可能であり、神と精神が一つの霊となるのも聖霊の愛のわざの作用なのである（前掲書 XV, 17, 31)。だからこう言われる。

聖霊によって神の愛がわたしたちの心のうちにそそがれ、神の愛によって全三位一体がわたしたちのうちに住まいたもう（前掲書 XV, 18, 32)。

神と人間との関係は神の愛によって神と一つになるため「**愛の神秘主義**」とも、また三位一体とその類似像との間に成立するため「**三位一体的神秘主義**」（M・シュマウス）とも言うことができるが、神の愛とそれに応答する信仰によって成立する交わりが**礼拝**として重んじられると、この交わりは、やがて進展して信仰から理性へと認識を発展させ、ついに観照にまでいたる希望を与える。このような心の超越する運動のなかに、わたしたちはアウグスティヌスにおける霊性の作用を理解することができる。

第4章　神の観照から霊性の育成へ

はじめに

アウグスティヌスは新プラトン主義を経てキリスト教の救いに到達した。この歩みは彼の神秘主義や霊性にとって重要な意味をもっており、著作においても新プラトン主義の神秘主義から次第に神秘的な霊性へ向かってその思想が成熟するようになった。

アウグスティヌスが神秘主義者であるか否かについて意見はさまざまであるが、彼が好んで用いた**「神の観照」「神の直視」「神の享受」**という言葉によって、通常の理性による認識以上のものが表現されていることは確実である。西洋思想史においても神秘主義にはさまざまな形態が見られるが、アウグスティヌスに発しドイツ神秘主義に向かう中世キリスト教神秘主義の流れは、信仰の敬虔な生活から生まれ、キリストとの一体感のなかに生き続けて、ヨーロッパ的な霊性を育成してきた。しかし、彼〔アウグスティヌス〕の思想では中世で説かれた神と魂との「神秘的合一」(unio mystica) は、彼の著作のなかではそれほど頻繁には使用されないで、暗示的にしか表明されず、むしろ神と人との異質性が強調され、この断絶を克服する「道」がキリストによって示される。このことは司教としての経験から生まれた重大な変化であったといえよう。

(1) 牧会活動から来る精神的変化 —— 神の観照よりも霊性の育成

アウグスティヌスは37歳の391年にアフリカの北岸にある小都市ヒッポ・レギウスの信徒たちの強い要請によって司祭に任ぜられ、やがて42歳で司教となり、キリスト教界を代表する神学者として活躍するようになる。この聖職者となるという外的な変化が、聖書研究と司牧の仕事へ彼を向けさせ、数多くの異端邪説との対決へと彼を巻き込んだ。このような変化は最初外からの働きかけによって生じたが、それは大きな精神的変化をも伴った（宗教史学者ライチェンシュタインは『真の宗教』が古代的な思考に立っていたのに、司教就任を期にキリスト教的思想家に転じたと主張する。Reitzenstein, Antike und Christentum, 1963, S. 63f.)。この種の発展は思想上の変化や転向を意味しない。なぜなら萌芽として最初からあった思想がそれと原理的に異質な思想との混合から解かれて、それ自身の本来的姿を示してくるからである。初期の作品では新プラトン主義の哲学とキリスト教とは矛盾しないものとしてともに受容されたが、やがて新プラトン主義の思想のなかでもキリスト教と全く異質なものが切り捨てられ、その思想における永遠的意義と内容は保存される。

アウグスティヌスの生涯と思想を知るためには『告白録』とならんで彼が晩年に書いた『再考録』が読まれなければならない。これらの書物を読むと、彼の若き日の体験と思索が次第に深まり、進歩し、発展している様子が明らかとなる。とくに司教に就任した年を境として彼の思想が哲学的傾向から神学的傾向へと移っていることが指摘されよう。

彼は司祭に任ぜられる頃までは回心当時の精神状態のもとにあった。このことはこの就任の年に完成した『真の宗教』を読んでみるとわかる。この書物は初期の思想を代表するものであり、哲学と宗教、したがってプラトン哲学とカトリック信仰の一体性を主張しており、彼は確信をもって「プラトン的なキリスト教」を説いた。だが初期の著作の中にも彼の精神状態が次第に変化しつつあることが見出される。たとえば『カトリック教会の道徳』あたりから聖書の言葉の引用が著しく多くなった。ここに重要な変化のきざしが見えるし、『自由意志』の第3巻には人間の現実へ向けて鋭い洞察が示され、原罪の事実が指摘されている。つまり現実の人間のうちに見られる致命的欠陥として無知と困難（無力）とが原罪として指摘され、そこから恩恵の必要が強調された。その後、彼は司祭に任ぜられるにあたり、何よりも先ず聖書の研究に没頭し、キリスト教の本質についての理解を次第に深めて行き、その成果が『キリスト教の教え』となって表明された。

ヒッポの司教に就任したことは、キリストを信じる哲学者アウグスティヌスをして少数の親しい友人からなる哲学的グループを離れさせ、牧会の仕事に転じさせ、それに励むようにさせた。そのことにより彼は社会のさまざまな階層の人々とも親しく接し、一般のカトリック教会の信徒たちにも触れるようになった。と同時に、当時北アフリカ教会が巻込まれていた諸々の異端に対し、司教として教会会議に列席し、みずから筆をとり、異端論駁とカトリック教会を擁護する仕事にたずさわるようになった。

教会史上で有名なドナティスト論争やペラギウス派との論争がそれである。教会の内部のみならず、外部から教会に向けられた非難に対しても彼は教会のために筆をとっている。410年アラリックスの率いる西ゴート族が永遠の都ローマを攻略したときに、その滅亡に対する責任がカトリック教会に向けられた。これを論駁するために書かれた『神の国』はとくに有名である。この書物は後世に与えた影響から言っても、当時学問上の教養の卓越性から言っても、比肩を許さないほどすぐれたものであった。

この時期に起こった主たる変化をあげてみよう。

(1) 主知主義から主意主義への変化　初期の哲学的対話篇では人間の究極目的は神の観照と至福の境地に達することに置かれ、ここに至る道として理性の道と信仰の道とが二つながら説かれていた。だが、司教として社会のさまざまな階層の人々と親しく接し、教会と社会の現状をつぶさに知るに及んで、彼は現世において神を観照し、至福の境地に達することがいかに困難なものであるかを知るようになった。それゆえ、この世での主な営みはむしろ神と真理の至福直観にいたる準備にあり、そのためには信仰による心の清めが必要であると彼は説いた。ここで彼の強調点が人間の心や意志、また愛や欲望を清めることに置かれ、従来とってきた主知主義的傾向から**主意主義的傾向**に変った。その理由は、彼が以前よりも一層深い洞察を人間の本性について自覚するようになったからである。

(2) 原罪の理解　司教に就任したころに書かれた書物の中で、彼は「すべての人間は……いわば一つの罪の塊りである」（『八三の諸問題』68, 3）という。晩年に入ってから彼は人間の自由意志を弁護するペラギウス派を批判し、人間集団が「壊廃の塊り」であると繰り返し語ったが、司教に就任したころすでにこのような認識に達していた。このように人間の本性が全く壊廃しているという認識の背後には、古代末期の世界苦とペシミズムが反映している。だが彼がこのような認識に達したのは、聖書の教えに基づいてどこまでも真剣に自己の内なる罪を考察していった真摯な態度による。そしてこの本性の全体的壊廃の認識とともに新しい神学的思惟の地平が開かれてきた。それはまず神観に表れている。

(3) 神の超越性

人間の本性の全き壊廃の認識は、同時にかつ必然的に、神の超越性――存在論的に言っても、倫理的に言っても――の主張となる。創造者なる神が被造者なる人間に対し全く異質的に隔絶しているのみならず、このような神の超越性が今や人間本性の壊廃認識とともに倫理的に強烈に自覚された。回心の当時、彼は新プラトン主義の哲学のもとにキリスト教を理解していたときにも、神の超越性は決して見失われていなかった。だが霊の働きによって同じく霊である神に触れると説く神秘主義の哲学には、神と人間の魂との質的同一視、したがって**神の世界内在説**が潜んでおり、**汎神論的傾向**が認められる。アウグスティヌスはこのような神観と、キリスト教の創造神という超越的神観がいかに異なっているかに今や気付くようになり、神と人間とが何らかの形で等しいものとみなす哲学的神観をしりぞけ、このような立場こそ罪の根源なる宗教的な傲慢にほかならないと説くようになった。こうして神と人間との絶対的な懸絶が強く感得されたことによって、神と人間との仲保者キリストについての理解にも変化が生じてきた。

（2）受肉の神学

初期の哲学的著作では、キリストが真理自体なる神の似姿、真理の輝き、神の叡知、知恵の暗黒を照らす光、内なる教師である等々と説かれ、神の神性に強調点が置かれていた。しかし、今や、神の僕《しもべ》の形をとって人間のもとまで下った、人なるキリスト、人間を罪から贖い、救う**キリストの人性**の面が強調されるようになる。ここからキリスト論に変化が生じ、ロゴスと言っても、この世界のうちに具現し、受肉したロゴスこそ真理であり、観念的に現実から全く遊離したロゴスが無意味であると説かれた。こうして彼岸の世界にあるロゴスを見ていると傲語《ごうご》し、そこに至る正しい道を知らないでいる哲学者たちを彼は嘲笑するようになった。

(1)「キリスト讃歌」のケノーシス

イエスの下で神の言葉が受肉しているという「受肉の神学」はフィリピの信徒への手紙2章6

―10節のキリスト讃歌にもとづいて神の子が神のかたちを捨てて「自分を無にして」僕《しもべ》のかたちをとったケノーシス（神性放棄）として理解される。ヨハネ福音書6章38節の講解で彼は受肉と謙虚とを結びつけて次のように説教している。

人よ、あなたはなぜ高慢なのか。神はあなたのために謙虚となったのである。あなたは多分謙虚な人を模倣することを恥ずかしいと思うかもしれない。だが、少なくとも謙虚な神を模倣しなさい。神の子は人間の姿をとって来られ、謙虚となったのである。あなたは謙虚となるように教えられている。そして人間から家畜となるように教えられているのではない。彼は神であったのに人となった。人よ、あなたは人にすぎないことを認識せよ。あなたの謙虚の全体は、あなた自身を認識するよう志すことである。

（『ヨハネ福音書講解説教』第25説教16）

(2) プラトン主義の二元論批判

こうして彼は、キリスト論を正しく確立しながらキリスト教が問題としている現実とは何か、世界とは何かを今や知るにいたった。キリスト教が問題としているのは「腐敗し墜落した世界にたいする救済」であって、哲学者が勝手に捏造した彼岸の世界ではない。すなわち哲学者は世界を二分し、目に見える感性的世界と目に見えない超感性的世界とに分け、前者から後者への脱出をもって救いが得られるとしているが、こうしたプラトン的な回心はまったく無意味である。なぜなら感性と理性の対立からこのような二世界を設定したとしても、この種の二世界説は人間の思惟が想定した仮説にすぎず、結局此岸の世界内の対立に終始するからである。真の彼岸と此岸・永遠と時間、神の国と地の国の対立はこのようなものではない。それにもかかわらず、このような仮説に固執する態度は学問上の「空想にもとづく姦淫」(fantastica fornicatio)ではなかろうか、と彼は疑問を懐くようになった(コックレン『キリスト教と古典文化』金子晴勇訳、知泉書館、693—695頁参照)。キリスト教が問題としているのは目に見えるもの、感性的・形体的なものそれ自身ではなく、感性的なものも理性的なものも含めた全体にたいする誤用なのである。カール・アダムはこの点を強調して次のように言う、「問題なのは、感覚的なものと霊的なものとの、肉と霊との、可視的な世界と叡知的な世界との対立ではない。それはむしろ、此岸の世界と彼岸な世界との、時間と永遠との、世の国と神の国との対立である。それゆえ、我々が避けねばならないのは、形体的なもの、感覚的なもの自体ではなくして、感覚的なもの、霊的なものすべての誤用である」(『聖アウグスティヌスの精神的発展』服部英次郎訳、創元社、66頁)と。もちろん神のために一切のものを使用するのは正しいが、この世的なものを享受しようとして神を使用するのは誤りである（『神の国』XV, 7, 1)。

(3) 自由意志と恩恵についての理解の深化

同時に自由意志についての理解も大きく変化し、恩恵を強調するようになった。この発展は司祭となり司教となることによって聖書をいっそう深く学び、人々の現状をも認識した結果であった。とくにパウロの手紙の研究によって新プラトン主義の哲学から聖書へ向かい、ガラテヤ書とローマ書その他の講解が彼の手によって著わされ、聖書を解釈しながら、自分自身がこれまでとってきた立場の誤りに気付くようになった。こうした思想上の発展は自由意志や神の予定の理解にもっとも顕著にあらわれている。

アウグスティヌスは西洋精神史上はじめて自由意志を主題とする作品を書き残したばかりでなく、生涯を通して絶えずこのテーマを追究し、かつ、発展させて、キリスト教の**救済思想**を完成させた。その際、「神の観照」は将来の究極目標にされ、現在は愛を潔《きよ》め、意志を強化する恩恵の下での生活が力説された。ここから神秘主義の説く神の直観から信仰による霊の清めに強調点が移っていった。こうして霊性神学が彼によって強力に説かれるようになった。

（3）享受と使用における霊性機能

わたしたちは人間の霊性を清めるためには享受と使用とを区別すべきであると説かれるようになった。そこには人間の愛が正しく秩序付けられなければならないことが説かれている。そこでアウグスティヌスが力説した愛の秩序の思想は、一般倫理の領域においては「享受と使用」との関連からいっそう具体的に論じられている。まず注意すべきことは「享受する」（frui）の概念規定の二重性である。初期の著作『カトリック教会の道徳』（De moribus ecclesiae Catholicae）では次のように定義されている。「事実、わたしたちが享受するといっていることばの意味は、愛するものを有益に所有することにほかならない」（op. cit., 3, 4.）。さらに「愛するもの」は「最高善」とみなされ、最高善を享受している人が幸福であると説かれた。この定義では「享受」が「使用」をも含めてわたしのために単純に用いるという意味をもっている。しかし、『キリスト教の教え』以来よく用いられている定義では「享受」がある対象に関与する情熱的で主体的な関わりを表すようになった。

享受とはあるものにひたすらそれ自身のために愛をもってよりすがることである。ところが使用とは、役立つものを、愛するものを獲得するということに関わらせることである。この場合愛するものとは、それに値するものでなければならない。(『キリスト教の教え』I, 4, 4.)

この定義では享受が目的自体に向かう愛として、しかも「愛をもってよりすがる」(amore inhaerere) 運動として規定されている。享受が目的自体に向かう愛であって、単に目的に向かうだけではなく「よりすがる」というのは愛の情熱的な本性にもとづいている。なぜなら「愛とは、愛する人と愛されるものとの二つを一つとし、あるいは一つにしようとする生命でないなら何であろうか」(『三位一体論』VIII, 10, 14) と語られている通りであるからである。だが、享受が「あるものにひたすらそれ自身のために」傾倒させるのは、そのものが「他のものとの関係なしに、それ自体でわたしたちを喜ばせる」(『神の国』XI, 25) からである。それに対して「あるものを、そのもの以外の他の目的のために用いるとき、わたしたちはそれを〈使用する〉のである」(同上) と説かれた。

そこでもしヴェーバーの社会的行動の類型をここにあてはめるならば、「享受」は「価値合理的」であるのに対し、「使用」は「目的合理的」な特質をもっているといえよう (ヴェーバー『社会学の基本概念』清水幾太郎訳、岩波文庫、39頁)。しかしアウグスティヌスは、享受と使用とを神と世界という二大対象に適応し、そこから善と悪との倫理的な一般規定を引き出している。その規定の中で最も簡潔なものをあげると次のようである。「善人は神を享受するためにこの世を使用するが、悪人はそれとは逆に、この世を享受するために神を使用する」(『神の国』XV, 7, 1)。ここに善と悪との道徳的な一般的規定が確立された。

こうして、この世界自体は神が創造されたもので善であるが、それに主体的に関与する人間の行動は、最高善なる神を享受するために、世界を使用することによってその善性を得ている。つまり神と世界とにかかわる愛が「享受」と「使用」とからなる秩序を保っている場合が善であり、「享受」と「使用」の秩序が転倒するならば悪となる。したがって目的が享受において誤りでなく、手段が使用において適切であるならば善となり、目的の設定に誤まり、手段が誤用されると悪となる。このような享受と使用との秩序を保ちながら愛が神と世界とに関わるとき、具体的行為の善悪は愛の秩序のもとに規定された。

しかし享受と使用との関連には、単に目的と手段とに還元できない要素が含まれている。それは「神の享受」が究極目的もしくは目的自体であるため、個々の目的の全体を導いており、目的の体系を形成していることに示される。たとえば平和についての思想にそれがよく表われている。アウグスティヌスは愛の秩序を実現し、平和を樹立した最高の形態、つまり「もっとも秩序があり、もっとも和合した社会」(ordinatissima et concordissima societas)を天上の平和として次のように述べている。

天上の平和こそ真の平和であって、厳密にはこれのみが理性的被造物の平和、つまり神を享受し、神において相互を享受する最も秩序があり、最も和合した社会であって、またそう呼ばれてしかるべきものである。……天の国の生は社会的であるがゆえに、このような天上の平和を、天の国は寄留している間は信仰においてもち、そして神と隣人のためになす良い行為のすべてを、天上の平和を得ることに関連づけるとき、その信仰によって正しく生きている。

(『神の国』XIX, 17 松田禎二訳)

わたしたちの生の最高形態は「神を享受し、神において相互に享受する社会」(societas fruendi Deo et invicem in Deo)であると規定されている。ここでの「社会」は『結婚の善』では「共同」と訳されていた。共同は「相互に享受する」相互性の中に実現していても、共同体や社会自身を享受するのではなく、あくまでも究極目的たる「神において」それらを享受してはじめて正しく秩序が保たれる。この究極目的に向かって個々の行為を関連づける作用は霊性の機能によって起こるのではなかろうか。なぜなら霊性は神に向かう心の運動であるが、この運動は「神に対する対向性」として考えられており、個別的行為を究極目的に「関連づける」からである。

ニーグレンはかつてアウグスティヌスが隣人愛を用いて〔使用して〕神の愛に至ると説いた点を批判した（『アガペーとエロース——基督教の愛の観念の研究』第1巻、岸千年、大内弘助訳、新教出版社、118頁）。アウグスティヌスが人間の間の相互的愛を神の愛に至る一段階と考えていたことは確かにあった。たとえば初期の著作『カトリック教会の道徳』では「人間相互間の愛ほど、神の愛に導く確かな階段というものは何も存在しえない、と信じるほど強い愛のきずなが人と人との間には存在しなければならない」（同26, 48）とある。だが、隣人愛はこの書物でも隣人が最高善である神を獲得するように導く、と述べられているのであるから（同26, 49.）、隣人愛を使用して神に向うわけではない。また先のテクストにある「相互に享受する」が「神において」と限定されているのは、『告白録』第4巻の友人の死の体験から彼が学んだように、友を「神において愛する」ことを学んだことからも明らかである。彼は親友の死を悲しんだ過去の経験を想起し、「（神なる）あなたを愛し、あなたにおいて友人を、あなたのために敵をも愛する人は幸いである。まことに、失われることのない御者《おんもの》において、万人を愛する人だけが、親しい友を一人も失わないで済む。その失われることのない御者《おんもの》とは、われらの神でなくして誰であろう」（『告白録』IV, 9, 14. 山田晶訳）と言っている。確かにこの「神における愛」こそ「聖い愛」（caritas）にほかならない。
さらに、先の引用文は「良い行為のすべてを、天上の平和を得ることに関連づけるとき」（cum ad illam pacem adipiscendam refert quiquid bonarum actionum）と述べ、この関連づける作用に信仰の正しい生き方を見いだしている。つまりわたしたちの実践のすべては、特定の個別的な対象や実在に向かっていても、それ自体が究極目標とされるべきもの、したがって享受の対象とすべきではなくて、神と神において隣人を享受するという究極目標たる天上の平和に至るように関連づけられている。この関連づける作用は、個々の良い行為をして、いっそう高次の目的に結びつけて自らを秩序づける働きなのではなかろうか。この「関連づける」作用に中には霊性による隣人愛という倫理が基礎づけられている。同様に後代になってパスカルは精神の合理性を超えた心や愛の秩序を捉えている。

心には心の秩序がある。精神にも、精神の秩序があり、それは原理と証明とによる。心は、それとは別な秩序を持っている。……イエス・キリスト、聖パウロの持っているのは、愛の秩序であって、精神の秩序ではない。すなわち、かれらは熱を与えようとはしたが、教えようとはしなかった。聖アウグスティヌスも同じである。この秩序は、どちらかといえば、目標に関連のある個々の点にあれこれ目をくばりながら、しかもつねに目標をさし示して行くことを内容とする（B. Pascal, Pensé, L. 298, B. 283. 田辺保訳）。

ここには精神の合理的秩序と対比して「心の秩序」が霊性と同じく情熱をもって個別的な行為を究極目的に「関連づける」といえよう。アウグスティヌスの説く愛が天上の平和を求めてすべての行為をそれに「関連づける」という秩序の働きを生みだしているように、パスカルにおいても愛の秩序は目標へ向けての行為の機能的関連づけにおかれている。実際、愛は神への愛という遠大な目標に向いながら、同時に現実の隣人を目的とみなす「享受」を生み、すべての行為をこれに対する「使用」として関連づけているといえよう。こうして秩序自体が人間の行動の連関のなかに求められるようになり、霊性による新しい秩序の作用が理解されるようになったことが示唆されている。

第5章　聖霊を受容する機能としての霊性

アウグスティヌスはキリスト教史でもっとも名高い著作『霊と文字』によって「文字は殺し、霊は生かします」というパウロの命題を著述の中心に据えて、パウロのローマの信徒への手紙の中心思想を解説しながら、恩恵の教説を確立した。ところがここでは「文字」と「霊」の対比はオリゲネスが説き、アンブロシウスが継承した、聖書の文字的解釈と比喩的（霊的）解釈の対立を意味するものではない。そうではなく、それはパウロの言葉「文字は殺し、霊は生かします」（Ⅱコリント3・6　聖書協会共同訳）にもとづく「律法と福音」の関係を意味する。したがって「文字」というのはモーセの律法のように為すべきことを命令してもそれを実現する力を与えない「殺す文字」を意味し、「霊」というのは「生命を授ける霊」のことで意志を高め、心に働きかけて律法を実現する力を意味する。

（1）『霊と文字』における生かす霊

この書名『霊と文字』は一般的には聖書解釈の方法として説かれており、彼がアンブロシウスから学んだ霊的な象徴的解釈を想起させるが、実際は律法と福音という教義を意味しており、アウグスティヌスの恩恵論を見事に説き明かしている。『霊と文字』という著作は『告白録』に次いで神と人との関係を「豊かで、深淵的な、愛情に満ちた精神」をもって論じている（Bright, Anti-Peragian Treatises, p. 21）。

ペラギウスが律法を恩恵のなかに入れたのに反対し、アウグスティヌスは内的に生かす聖霊の注ぎを心のなかに受けていないときには、律法が人間を殺す「文字」となることを力説した。したがって彼は律法の限界とそれが恩恵に対立することを明確にした上で、律法と恩恵とは、約束と成就のように、相互に関係づけられる点を強調した。彼はパウロの説く「不敬虔な者を義とする神の恩恵」を弁護し、善い生活が「神のわざ」であることを詳述した。彼はこの点を再考し、「わたしはこの書物において、神がわたしを助けてくださるかぎり、不敬虔な者たちを義とする神の恩恵に敵対する人々を厳しく論駁した」（『再考録』II, 37）と説いた。それゆえ律法と自由意志にもとづいてペラギウスが人間の倫理的行為を善きわざとして説いたのに対決し、アウグスティヌスは「いったいあなたの持っているもので、いただかなかったものがあるでしょうか」（Iコリント4・7）というパウロ主義の根本命題に堅く立って恩恵論を展開した。

このようにして人間が神の愛を受容する作用を彼は霊性の働きとして捉え、この点を詳しく論証した。あることを選択する機能である意志にはこの力があるであろうか。「自由意志」(liberum arbitrium) とはもっと厳密に訳すならば、「自由な意志決定」であり、人間の自然的な能力である。人間は理性によって行なうべきことを判断し、意志にそなわっている本性的な「自由決定」の能力によってそれを実現できる、と説いた。ところが彼はこの「自由決定」を恩恵によって与えられるものと主張したことから、それを罪から解放された「自由な意志」とも言ったため、用語の上で混乱を生じさせてしまった。たとえば次のように言う。

確かに、律法は自由な意志決定によるのでないなら、実現されないのである。しかし、律法によって罪の認識が、信仰によって罪に対決する恩恵の獲得が、恩恵によって罪の悪徳からの魂の治癒が、魂の健康によって意志決定の自由が、自由な意志決定によって義に対する愛が、義に対する愛により律法の活動が実現される。……同様に自由意志も恩恵によって無効にされるのではなく、かえって確立されるのである（『霊と文字』30・52）。

ここでは「**意志決定の自由**」(liberitas arbitrii) と「**自由な意志決定**」(liberum arbitrium) とがあたかも同義的に使用されている。それゆえペラギウス主義との思想的な対立も明確となっていない。しかし、両者を区別するならば、前者は恩恵によって獲得された意志の自由な状態を意味し、後者は人間に自然に植えつけられている能力、つまり選択機能を指すと考えられる。だが、両者を同一視するなら、彼によって自然的意志と獲得された意志の状態との区別がなされていないことになる。これらの明確な区別のためには「意志決定の自由」の前に「**自由とされた**」(liberatum) を加えなければならない（『ペラギウス派の二書簡駁論』III, 8, 14を参照）。一般的に言って古代末期においては哲学と神学との区別は、近代以降ほどには厳密ではなかった。アウグスティヌスの場合も両者は截然と区別されていない。彼がこのように考えているのは、生まれながらの能力としての自由意志（自由な意思決定）は罪によって弱められて、邪欲と罪との奴隷となっていたが、いまや恩恵の力によってそこから自由にされると自由意志の本来の決断力を発揮できるようになるからである。

ところがルターの場合はアウグスティヌスの神学的側面が決定的に影響し、加えてオッカム主義に導かれ、自由意志の不自由なことが、神の絶対的自由と人間の不自由との対立から、神との矛盾関係にあるものとして説かれ、そこから奴隷的意志の主張へと移ってゆかざるをえなくなった。

そこで聖霊によって心に注がれるという「神の愛」について厳密に考察する必要がある。アウグスティヌスによると、神に対する愛が心の中にそそがれると、人は神を愛する者と成っている。同様に神に対する義も授与されると義人と成るのである。なぜなら神の愛は現実に人間を改造し神を愛する者として義人を造りだすからである。律法が文字として外から脅迫し、律法違反者を殺すのに対し、心に神の愛がそそがれると同一の律法が霊的になり、わたしたちを文字から解放し（『霊と文字』14・25）、愛する者に生命を授ける霊となる（同17・29）。この神の愛によって心は内的に成長し、律法を実行するようになる（同16・28；25・42；26・46本書第5章（4）参照）。したがってアウグスティヌスは救済を人間が罪から解放されて、現実に義人と成る出来事としてとらえ、律法を実行するまでに成長するものとみなした。

ここに明らかに述べられているように、神の愛が注がれるのは、「心」であるが、それは神への対向性を基本運動としている。この心は「霊」と同義であり、その作用は霊性を意味する。アウグスティヌスはこのような心は聖霊の働きと一緒に喚起されてくるといえよう。ここには**カリ**

タスの論理が明瞭に認められる（カリタスの論理については本書第6章などを参照）。

（2）アウグスティヌスの祈りとペラギウスの批判

アラリックスに率いられた西ゴート族が永遠の都ローマに大きな脅威となった409年には、ペラギウスはイタリアを去り、同労者であったカエレスティウスとともにシシリアに渡った。そしてその翌年春には北アフリカに移った。ペラギウスはアウグスティヌスが司教であったヒッポを訪ねた。その当時北アフリカの教会はドナティストとの論争に巻き込まれており、アウグスティヌス自身もヒッポを離れてカルタゴに行っていた。ヒッポの町もドナティストとの協議会の準備に追われ、ペラギウスの到着に注意しなかった。その後、彼がペラギウスに会ったのはカルタゴにおいてであった。

ペラギウスがドナティスト運動の渦中にヒッポを訪れたのは大きな論争を生み出す契機となった。というのは一見すると何の関係もないように思われるが、後述するように両者は「シミも皺もない」純粋な聖徒の集いとして教会を考えている点で一致していた。教会は完全な人々の団体であって、罪人の集いではなかった。アウグスティヌスは『神の国』で教会を「毒麦がともに育つ畑」として説いていたが、彼らは「聖徒の集団」と見なした。彼はパウロのように「律法の義に関しては非の打ち所がなかった」が、それは単なる「外的な義」で「塵芥」に過ぎないと考えた。また彼らは洗礼問題でアウグスティヌスと対決したことでもよく似ていた。

ペラギウスはアウグスティヌスから手紙をもらったことがあり、その初期の著作『自由意志論』にも共感していた。しかし彼がローマにいたとき、彼の面前であるアウグスティヌスの同僚司教（恐らくはノラの司教パウリヌスであると思われる）がアウグスティヌスの有名な祈り、「あなたの命じるものを与えたまえ、そしてあなたの欲するものを命じたまえ」(Da quod iubes, et iube quod vis)を述べたとき、両者が将来において宿命的な対決に至ることを予感させる出来事が生じた。では、アウグスティヌスのこの祈りにはどのような対立点が含まれていたのか。『告白録』の中で彼は次のように祈っている。

それゆえ、すべての希望はただひたすら、真に偉大なあなたのあわれみにかかっています。御身の命ずるものを与えたまえ。御身の欲することを命じたまえ。御身はつつしみを命じたもう。「もし神がその賜物をくださらないならば、何人もつつしみを保ちえないことを私は知っている。それゆえ、この賜物がだれに由来するかを知ること自体、知恵に属するのだ」

と、ある人はいっています。まこと、私たちが、そこから多へ分散していたもとの一なるものへ、集められひきもどされるのはつつしみによります。あなたのゆえに愛するのでない何か他のものをあなたとともに愛する人は、あなたへの愛がそれだけ少なくなります。おお、いつも燃えてけっして消えることのない愛よ。愛よ、わが神よ、われを燃えたたしめたまえ。御身はつつしみを命じたもう。御身の命ずるものを与えたまえ。御身の欲するものを命じたまえ。(『告白録』X, 29, 40、山田晶訳)

この言葉を聞いたときのペラギウスの反応についてアウグスティヌスは次のように想起している。「ローマにいたペラギウスは、わたしの同僚の司教であったある兄弟によって、これらの言葉が彼の同席した場で語られた時、彼はこれに我慢できず、かなり激昂してこれに反論し、これを語った人とほとんど喧嘩になるところであった。しかし神がまず命じ、最も肝要なこととして命じたもうのは、神をわたしたちが信じること以外の何であろうか。それゆえ〈命ずるものを与えたまえ〉と神に正しく祈られるなら、この信仰をも神ご自身が与えたもうのである」(『堅忍の賜物』20・53)。これを見るとこの祈りによって意味されている内容が神の賜物としての信仰自体であることが知られる。この信仰の賜物は**神の予定**という思想へと展開した。というのは彼は続けて次のように述べているから。「神は自分の賜物を誰に与えるかを予知したもうたことは疑いの余地がない。これが聖徒たちの明白で、確実な予定の教えである。……予定の教えが言及されている聖書の箇所を、より豊かに、より明瞭に、擁護に努めるようわたしたちに強いたのは、ペラギウス派の人々が、神の恩恵は、わたしたちの功績に従って与えられる、と主張しているからに他ならない。そしてこのことは、恩恵のまったき否定以外の何であろうか」(同上)。これによってペラギウスとの対立点は、信仰自身が神の賜物であり、神の予定に属するということにあって、ここからやがてペラギウス論争が起こったことが分かる(この点はすでに『シンプリキアヌスに答えた諸問題』で到達していた観点である。本書132頁以下参照)。

確かに両者の対立は明瞭である。一方は神の恩恵に全面的に依存する「恩恵の教師」であり、他方は自己責任を追求していって人間の責任性を問いつづける「道徳の指導者」である。しかし、よく考えてみると、両者はともに道徳的な責任を回避するような人々とつねに接触しており、この点では知的なサークルの指導者であったペラギウスよりも、教区の仕事に追われていたアウグスティヌスの方が現実の深刻な問題に直面していたと言えよう。神学者アウグスティヌスも道徳思想家ペラギウスも古代末期の道徳的な頽廃に悩まされていた。しかし両者は論争の経過とともに現実問題よりも理論問題に関心が集中し、人間としての責任が問われている現実をともにすると忘れがちであった。

もちろん、ペラギウスは『パウロの手紙注解』に示されているように聖書の知識に通暁し、古典作家やキリスト教教父の思想にも親しんでいた。だが、彼は宗教団体に所属した形跡がない。当時一般に支持され、アウグスティヌスも弁論術の学習課程で学んだキケロとストア派の道徳思想をペラギウスは重視し、当時のローマ社会にかなりの勢力を維持していたマニ教の決定論と対決していた。ペラギウスはマニ教の二元論では物質を罪悪視する点と二つの魂を説く思想を批判し、自由意志の力を強調した。したがって意志の自律が彼の思想の核心であった。この点で彼はストア主義に接近しており、神に対して何かを乞い求めて祈ったりしない。もし祈るとしたら、それは神に感謝するためであり、しかも助力を求めるのではなく、自由意志の力によって実現された行為に対する感謝のためである。したがって彼から見るとアウグスティヌスの先の祈りは、道徳的な無力さを示しており、精神的な堕落としか映らなかった。

アウグスティヌスはカルタゴ教会会議でペラギウスと初めて同席することがあったが、望見しただけで互いに語り合う機会はなかった。しかしそのときペラギウスが一般に彼に帰せられている見解を表明しなかったのを知って安心したようである（『ペラギウスの訴訟議事』22・46）。だが、アウグスティヌスは彼が会話の中で幼児洗礼は罪の赦しのためではなく聖化のためだと発言しているのをきいて驚いたが、それを反駁する機会に恵まれなかった（『罪の報いと恩恵』III・6・22;『説教』167 参照）。

（3）アウグスティヌスの祈りの解釈

このような基本思想からアウグスティヌスの祈り「あなたの命ずるものを与えたまえ」について彼自身が行なっている解釈を検討してみよう。

わざの律法が脅かしながら命じているものを、信仰の法則は信じることによって実現するのである。前者は「むさぼるな（欲してはならない）」（出エジプト記20・17）と告げる。後者は言う、「わたしは知っている。神がくださるのでなければ、知恵を得ることはできないことを。恵みの与え主《ぬし》を知るのは、賢明なことである。そこでわたしは主に向かい、心の底からこう祈った」（知恵の書8・21）。これは敬虔と呼ばれる知恵であり、この敬虔によって、最善の贈物と完全な賜物とのいっさいの源である光の御父が礼拝される。賛美と感謝のささげ物によって御父は礼拝されるゆえに、彼を礼拝する者は自分自身にではなく、彼に栄光を帰する。

このゆえに、神はわざの律法によって「わたしが命じることを行なえ」と告げる。しかし、わたしたちは信仰の法則によって神に向かい「あなたの命ずるものを与えたまえ」と祈るのである。したがって律法が命じるのは、信仰が行なうべきことを告げ知らせるためである。つまり、命じられた者が、もしまだそれを行なうことができないのなら、何を嘆願すべきかを知るためである。だがもし彼がただちに行なうことができ、しかも従順に実行するならば、彼はだれの賜物によって行なうことができるのかをも知るべきである。首尾一貫して徹底的に恩恵を説教しているこの同じ人物は言う、「わたしたちは、世の霊ではなく、神からの霊を受けました。それでわたしたちは、神から恵みとして与えられたもの〔恩恵〕を知るようになったのです。」（Ⅰコリント2・12）と。（『霊と文字』13・22）

アウグスティヌスはわざの律法と信仰の法則をパウロに従って区別し、律法から恩恵への発展のなかで彼の祈りを位置づけている。つまり律法を実行できない場合には、自分の無力を知り神に何を嘆願すべきことが、明らかになる。他方、律法を実行している場合は神の恩恵に支えられていることが自覚されているはずである。いずれの場合も神に対し人間は徹底的に依存しており、神が授け人が受ける授受の関係に立っていることが説かれている。問題は信仰の態度にかかわっている。信仰はまず律法による罪の認識によって、自己が自律し得ないことを自覚する。こういう自覚は主体的自己認識なのであって、主体自身の状態の認識から成立している。つまり主体性として自由意志は存在してはいても律法の命令を実行し得ない無力な状態にある。通常、心が弱いためわたしたちはこれを強める恩恵が聖霊によって心のうちに愛をそそぎ、意志を改造し強化しなければならないことを自覚している。そこで意志は自己ではなく神に向かって信仰により「あなたの命じるものを与えたまえ」と祈らざるを得ないのである。このように祈っている信仰のなかにどのような主体的な意志が働いているかを次に考察しなければならない。

(4) 第二の祈りの意味と神との共同を志向する意志

先の祈りに続けて「あなたの欲するものを命じたまえ」と第二の祈りが発せられている。それは信仰のなかに働いている主体的意志、つまり神律的な意志といえよう。そこで自由意志について再考してみたい。自由意志に対する基本姿勢は律法と恩恵の関係から導きだされている。「それではわたしたちは信仰によって、律法を無にするのか。決してそうではない。むしろ、律法を確立するのです(ローマ3・31)。自由意志も恩恵により同様にされているからである。実際、律法は自由な意志決定によるのでないなら実現されないのである」(『霊と文学』30・52)。したがってアウグスティヌスは律法と恩恵を分離しないで、恩恵によって律法が実現されるように、人間の自然も恩恵によって破壊されることなく、かえって完成されると主張する。つまり律法は罪の認識に導くが、この認識によって信仰が恩恵を求め、恩恵によっていやされ、健全な意志となってはじめて、自由意志は義に対する愛をもって律法を実現することができるようになる。すると自由意志が罪の奴隷状態から解放されて自由となる救済の出来事が中間規定として存在することになる。これこそ自由意志の律法から恩恵に向かう歩みであり、彼はこの歩みをパウロにしたがって「**信仰の法則**」と呼んでいたのである。

こうして自由は奴隷状態からの解放として恩恵によって授けられる上からの賜物となり、単なる自由意志という自然的能力とは異なることが知られる。自由意志というのは自由な決定力である。だから次のように規定されている。「自由な決定力〔自由意志〕というのは創造主によって理性的な魂に生まれながら付与されていて、〔事情に応じて〕あるいは信仰に向けられることも、あるいは不信仰に傾くこともできる中間〔無記〕的な力である」(同33・58)と。この自然能力としての自由意志は道徳的責任の主体でもあって、信仰にも不信仰にも自己の態度を決定することができる。しかし、それゆえにまた道徳的責任を問われる審判の対象ともなる。「人々は自由決定の力を正しく使用するか、あるいは悪しく使用するかに応じてもっとも正しく審判されるべきである」（同上）。自由意志は決断の仕方によって審判される道徳的責任の主体でもある。しかし、神の恩恵は創造のはじめからこの自由意志が信仰に決断するように呼びかけ援助の手をさしのべていたのであるから、神の恩恵をしりぞけた行為は罪の罰を受けることになった。原罪は人類にこうして波及するようになったが、それでも神の恩恵は人間が意志し信じるように外的にも内的にも働きかけている。外的にというのは福音書の奨励や律法の命令（罪を知らせ恩恵に向ける働き）を指し、内的にというのは神の呼びかけを指す。

神はこういう方法で理性的魂に働きかけ、魂が神を信じるようになしたもう。なぜなら魂が信じることのできる勧告や召命〔呼びかけ〕がないならば、自由決定の力によって任意のことがらを信じることはできないから。こうして神は人々に働きかけて、まさに信じるように意志させ、そのあわれみをすべてのものに先行させたもうことが確かに生じる。しかし、神の召命に同意するか、それともそれに反対するかは、すでに語ったように、意志自身の働きである……魂は賜物をただ同意することによってのみ受けとりかつ所有することができる。それゆえ、魂の所有し受容すべきものは神に属しているが、受容することと所有することと

は確かに受容する者と所有する者に属している。(同34・60)

自由意志は人間の主体性であり、神の恩恵はこの主体性を援けて神を信じるように働きかけているというのがアウグスティヌスの主張である。わたしたちが自由意志と自由との二つの自由について考察された区別と関係との弁証法を正しく把握しているならば、アウグスティヌスの祈り「あなたの命じるものを与えたまえ」とそれに続くもう一つの祈り「あなたの欲するものを命じたまえ」に対する理解が開かれてくるであろう。すでに論じたように自由は第一に自然的能力としての自由意志において主張されている。自由意志は罪の奴隷状態においても、恩恵を受容するときも、意志の決定力として働いている。そして律法はこれによって実現される。しかし、第二に自由は奴隷状態からの自由として、恩恵によって授与される賜物として理解されている。この賜物としての自由は神の愛が聖霊により心にそそがれて、罪に染まった欲情を追放し、心を清めることによって生じる。こうして自由意志は義への愛に燃え、律法を喜んで実現するにいたる。

さて、彼の祈りの第一「あなたの命ずるものを与えたまえ」というのは、第二の意味の自由において語られ、神の恩恵によって神の命ずるものを実行する存在が授与されることを祈り求めている。したがって当為の前に存在が要請されているといえよう。よく例として用いられている節制も、節制を神から授与されてはじめて実行し得るのである。節制の命令は当為であるが、当為を実現する力が欠けているならば、その命令は外から脅かす文字となる。しかし、当為を実現する力が神の聖霊により心にそそがれていると、神の愛にもえ立って喜んで当為は実現される。当為はもはや文字ではなく霊となっている。このように神から当為実現の力を存在として授与された者は当然のことながら内に燃える義への愛によっておのずと愛のわざに励むのである。ここから第二の祈り「あなたの欲するものを命じたまえ」が発せられる。神の霊に生かされている人は神の意志に一致して生きることを欲する。新しい存在から生じる行為はますます神の意志に深くかかわり、神との意志による共働の生を願い求めるであろう。この意志は単なる律法主義的他律(Heteronomie)ではなく、神の意志を歓んで欲する意志の共働に立つ**神律**(Theonomie)であるとみなすべきであろう。したがって神の律法を喜ぶという態度からこの祈りは発している。すなわち、「もし〈愛によって働く信仰〉が現存するならば、内的人間にしたがって神の律法を喜ぶことがはじまる」(同14・26)と語られている新しい存在、つまり自由からの当然の帰結である。

アウグスティヌスは聖書の比喩的象徴的解釈をアンブロシウスから青年時代に学び、オリゲネスの方法にも習熟しているが、晩年にいたりペラギウス派との論争では「文字は人を殺し、霊は人を生かす」(Ⅱコリント3・6)というパウロの言葉を比喩的に解釈すべきでなく、むしろ字義的にとらえ、それが「律法と福音」を指していると解釈し、「文字と霊」という観点からパウロ思想の全体を新しく解釈するにいたった。これを行なったのが彼の『霊と文字』という書物にほかならない。この新しい解釈に関して彼は次のように語っている。

純潔にかつ正しく生活するようにという戒めをわたしたちに命じる教えは、もしそこに生かす聖霊が現臨していないならば、明らかに殺す文字である。なぜなら「文字は殺し、霊は生かす」と聖書に記されていることは、なにか比喩的に書かれたもののようにのみ理解されてはならないのであって、もし字義的に、語られたままに受けとらないならば、その言葉の元来の意味が無意味なものとなるから。しかしわたしたちはそれがもっている他の〔霊的〕意味に目を向け、霊的な叡知によって内的人間が養い育てられていると理解したい。というのは聖書が「肉にしたがう想いは死であり、霊にしたがう想いは生命と平安である」（ローマ8・6）と語っているからである。（『霊と文字』4・6）

アウグスティヌスは「文字と霊」をまず字義的にここでは理解しなければならないとして、比喩的解釈を退けている。こうした上でもう一つ別次元の「霊と肉」という観点からの解釈を認めている。もしこれがないならば、旧約聖書「雅歌」の肉的表現が霊的意味を喪失するからである。こうしてこの書物では「文字と霊」は「字義的と比喩的」という対比においてではなく、全体が字義的に、言葉どおりに把捉され、文字は「律法」の言葉として、霊は「福音」の恵みとして理解され、「律法と福音」というパウロの教義学の根本概念として論じられている。

次に彼のこのような解釈法とこの著作の根本思想との関連について考えてみなければならない。この『霊と文字』という著作はペラギウス批判を意図しており、ペラギウスの説く主張に対して聖霊の賜物が救いに不可欠であることを論証しているが、この聖霊の救いにおける働きを明らかにするために「文字と霊」の主題が選ばれたのである。というのはペラギウスが神の恩恵の下に自由意志と戒めの賦与とを説いている(同2・4)のに対し、アウグスティヌスは聖霊の働きを強調し、これなしには自由意志は無力であり、戒めは「殺す文字」となるというからである。「この恩恵の御霊の援助がないならば、あの教え(律法と戒め)は殺す文字である。なぜなら、それは不敬虔な者を義とするよりも、律法違反の罪責を告発するからである」(同12・20)。このように同じ律法が御霊の援助を受けている者にとっては、その人を生かすが、御霊を受けていない、自然のままの人に対しては罪を認識させ、その罪責を告発するものとなる。

この点をアウグスティヌスは彼の『詩編講義』の同じ箇所で次のように語っている。「なぜなら、律法が恩恵を欠くなら、単なる文字にすぎない。律法は不義を実証するためにとどまっているのであって、救いを授けるためではないから」(『詩編講義』LXX, Sermo I, 19)。これと異なるのは恩恵によって聖霊が注がれる場合である。

この御霊の働きによって律法が「霊的に理解される」ようになり、「文字と霊」に分かれてくる。そのことは、たとえばルターが「律法は苦々しく憎むべき文字であるが、御霊のもとでは〈いっそう愛すべきもの〉(詩編18・2「あなたを慕う」)である。なぜなら御霊を授けたもうから」(WA., 3, 129, 5f.) と述べていることによっても知られる。

恩恵が注がれると神の誡めに対する大きな歓喜が生じる。アウグスティヌスは次のように言う、「また神が甘美な恩恵を聖霊によってそそぎたもうやいなや、神の命令に対し魂はいっそう大きな歓びを感じる」(『霊と文字』29・51) とか、「もし愛によって働く信仰が現存するならば、内的人間にしたがって神の律法を喜ぶことがはじまる。この歓喜は文字の賜物ではなく、霊の賜物である」(同14・26) と。

このように神の愛に満たされると心は内的に力をえて律法を実現するものとなっている。彼は言う、「わたしたちの心のなかにそそがれると語られている神の愛とは、それによって神がわたしたちを愛する愛ではなくて、かえってそれによって神がわたしたちを神を愛する者と成したもう愛なのである。同様に神の義とは、それによってわたしたちが神の贈り物のおかげで義人とされるものであり、主の救いとは、それによってわたしたちを救われた者と成すものをいう」(同4・6)。これによって心は霊となることが明らかとなる。

第6章　霊性の創造作用としての愛

プラトニズムとキリスト教の総合は古代末期の代表的思想家アウグスティヌスによって完成する。彼の思想形成に当たってプラトンの哲学、もしくは新プラトン主義の哲学の受容とキリスト教信仰とは対立や矛盾に陥ることなく、両者は並行しながら発展してゆく。したがってプラトン的なエロースとキリスト教のアガペーとが一つに融合して、相互に他を排斥することなく総合されている。これが**カリタス**（聖い愛）である。カリタスはエロースとアガペーの総合であるから、一方において神と真理の観照に向かって超越的に上昇する運動であるが、他方、真理自体が叡知的光をもって人間の精神を照明し導く、上から下への下降運動という動向を伴っている。ところが人間における愛は現世的対象に向かいやすく、神と真理に背反する場合には、欲望となり、愛欲や情欲となるが、神の愛の注ぎを受けることによって愛は清められ、聖い愛となって、神と真理に方向を転換させる。このように聖い愛としてのカリタスにはマックス・シェーラーによると邪欲からの「**愛の動向転換**」をうちに含んでいる（M. Scheler, Moralia. Schriften zur Soziologie und Weltanschauungslehre, Bd. 6, 1923, S. 130）と、いわれる。

それゆえ、ここではエロースとアガペーという相対立する類型に愛を分離して考察することはできない。たとえばニーグレンがアウグスティヌスのカリタスを「欲求」と解釈することも問題であって、バーナビィ（J. Burnaby）が批判したように、カリタスは「神との合一が成就したもの」とみなければならないであろう（Amor Dei. A Study of St. Augustine's Teaching on the Love of God as the Motive of the Christian Life, 1938, p. 92）。アウグスティヌスはパウロの「聖霊によってわたしたちの心に注がれた神の愛」（ローマ５・５）を力説し、神の愛の注入は同時に「神への愛」を生じさせる。したがって、神の愛は神への愛を起こすという仕方で与えられ、この神の愛に答える応答的な愛が愛の動向転換によって生じる。

（１）「愛によって働く信仰」の意義

愛は神と人間とを結びつける「膠《にかわ》」である。だが、神と人間を結ぶ愛は、あくまでも神に対する愛である。愛はこのように人間のうちに生じている神への対向運動であって、この対向が転倒したとき、心がねじれた邪曲な情欲となる。「神の愛」という場合の「神の」という所有格は、「わたしたちに対する」(erga nobis)という副詞句が欠けている場合はたいてい目的格関係の所有格であり、神に向かう愛を意味する(J. Burnaby, op. cit., p. 99)。このような愛が燃え立つとき、愛は信仰によってキリストに信頼し、キリストと一つに結びつく。ここからアウグスティヌスは「愛によって働く信仰」と愛を伴わない「悪魔の信仰」を区別する。彼はこれを credere in と credere とによって表わす。これはヨハネによる福音書でよく用いられる区別であって、全人格的信頼の行為、キリストへの献身をともなう愛があるかないかの区別である(W. R. Inge, Christian Mysticism, 1956, P. 51)。彼は『ヨハネ福音書講解』で、不信心な者たちを義とする信仰の意義を問い、信仰とは「信じながら愛し、信じつつ敬愛し、信じながらキリストのうちに入りゆき、その肢体に合体されることである」(En. Joh. evang・TR. XXIX, n. 6)と言う。この愛によってキリストと合一し、存在を更新し、神の観照と享受にいたることが「キリストの倣《まな》び」である。「愛によって働く信仰」の「働く」実践はこの「倣び」であり、これによって信仰から観照にまで進む。

しかし精神が愛によって働く信仰の発動でもって生気が与えられるとき、正しく生きることによって観照にまで達しようと努めるのである。この観照において、心の清く完き者たちは言語を絶する美を知り、その実の十全な直観が最高の浄福なのである。疑いなくこのことが「汝の求める最初のものと最後のもの」である。すなわち信仰にはじまり観照によって完成する。また、このことは、〔キリスト教の〕教義全体の要約でもある。

(Enchridion ad Laurentium, De fide, spe, caritate. c. 1, n. 5)

このアウグスティヌスの文章はプラトンの『饗宴』のクライマックスの叙述とひじょうによく似ている。両者は観照への超越、美の直観、絶対美の叙述、人間の幸福などで共通している。信仰が観照にいたる低い段階であるというのも同じである。しかし、相違している最大の点は「愛の注ぎ」である。ここに神は愛であって、愛する者は神の霊感(inspiratio Dei)によって愛自体なる神に向かう。これがカリタスとしての愛の特質である。カリタスは神への愛と自己の愛とを一つに融合(総合)させたものであって、「わたしたちが神を愛すれば愛するほど、わたしたち自身を愛する」(『三位一体論』VIII, c. 8, n. 12)と彼はいう。そこには同時に併発する二つの運動があって、愛はそれ自体として何ものかを愛するが、そのように愛している自己をも同時に愛している。しかも愛は根源を神にもつゆえに愛自体なる神に向かうことになる。このように神の愛と自己愛が矛盾することなく一つに融合しており、隣人愛の実践によって自己を訓練し、神にますます近づく。こうして自己愛・隣人愛・神の愛の三者は愛の秩序をかたちづくっている。

付記　アウグスティヌスの「愛の秩序」に対するルターの批判

これに対しルターでは信仰と愛はどのように考えられていたのか。ルターは『ローマ書講義』でアウグスティヌス的愛の秩序を批判して、次のように語った。

というのは聖アウグスティヌスにしたがって〔命題集の〕教師も述べている、「まず初めに神が、次にわたしたちの魂が、その次に隣人の魂が、終りにわたしたちの身体が愛されなければならない」と。だから秩序づけられた愛は自己自身から開始する。これに対し〔ルターは〕次のように答える。まさにこれこそ、わたしたちが間違って解釈したことによって、愛から離れてしまっているものの一つである。なぜなら、そのような場合、わたしたちは善をなんであれまず自分のために横領しており、隣り人について配慮しないからである。ところで、あなた自身に対する真実の愛はあなた自身に対する嫌悪なのである (Luther, WA. 56, 517)。

このようにルターは自己愛から他者愛へ、さらに神の愛へと進むことを説いた愛の秩序〔つまり順序〕に対して批判した。アウグスティヌスでは真の自己愛が神への愛に連続しているのに対し、ルターでは真の自己愛が、自己嫌悪と自己呪詛であるという逆説的主張となっている。したがってルターではアウグスティヌスにみられたエロースとアガペーとの総合が認められない。また、人間の自由な意志を通して神の意志が実現すると説くトマスの説も採用されていない。つまり人間の愛を通して神の愛が実現するとも考えられていない。むしろ神の愛と人間の愛、したがってアガペーとエロースが絶対的に相容れない矛盾関係で把握されている。このように両者が対立的に考えるのは近代に入ってからであり、その最初の萌芽はおそらくオッカム（William of Ockham, 1285 - 1347）の自由論に求めることができる。

オッカムは神を無制約的な自由の主体として人格的に考える。この神と被造物との類似は自由に置かれ、もはやトマスのごとく存在の類比（比論）に求められない。そうすると神と人間とは二つの自由の対置関係でとらえられ、双方の関係が法的契約として立てられるようになる。オッカム主義の影響を受けたルターはこの考えに立って人間の愛と神の愛という二つの意志は矛盾的に対立するものと見る。それゆえに、一見すると逆説と思われる主張、つまり神の愛は自己嫌悪において実現すると説くにいたった。そこには人間が自己のみを追求してやまない自己主張欲を罪としてもっているという神の前での自覚があった。このようにしてルターは自己自身を追求する人間の愛であるエロースの絶対的否定において神の愛が捉えられる。ここからニーグレンが主張したような二つの愛の対立的理解が生じたのである。

（２）愛の命法と倫理

アウグスティヌスは愛の命法と倫理について後代にとても有名となった言葉を次のように簡潔に述べている。

人々の行動は愛の根にもとづいてのみ見定められねばならない、とわたしたちが主張していることに注意してほしい。外見はよく見えても愛の根から生じていない多くのことが行なわれている。……したがって短く単純な戒めが決定的にあなたがたに与えられる。愛せよ。そしてあなたの欲することをなせ（Dilige, et quod vis fac.）。……愛の根があなたのうちにあるように。そうすればその根から善のみが生じることができる。（『ヨハネの手紙一講解説教』７・８）

愛の命法と倫理がこのように「愛しなさい。そしてあなたの欲するところを行いなさい」と語られ、倫理的行動が愛の根から起こることが述べられた。しかし愛は総じて命じられうるものであろうか。愛の特質は一般的にはエロースとアガペーによって表明され、エロースは本質的に価値あるものを追求しそれを所有したいという願望に発しているのに対し、アガペーは対象の価値によって触発されず、かえって対象に価値を授けてゆく無償の愛で、自己犠牲を特質としている。ここに人間的な愛と神的な愛との基本的相違があるが、アガペーも人間の心に宿るとそれは自然的愛を改造してゆく力を発揮する。そのためアガペーである神の愛が授けられることが始原、つまりここで言う愛の根である。これによってエロースからアガペーへの愛の動向転換が生じ、両者の総合が求められるようになった。このことはプラトン主義とキリスト教との総合を試みた古代末期のキリスト教教父たちの哲学によって探求されており、アウグスティヌスではこの総合がカリタスの教説によって提示された。

こうしてアウグスティヌスが説く愛はカリタス（聖い愛）と呼ばれ、プラトン主義とキリスト教との総合から生まれたものであり、プラトンのエロースとキリスト教のアガペーとが一つに融合して生じている。このカリタスはエロースとアガペーの総合であるから、神と真理の観照に向かって上昇していくが、同時に新生した愛として隣人に向かって活動する。このことを明らかにすべく彼は先の引用文で倫理が「愛の根」にもとづく点を力説する。したがって「愛せよ」という命法は神の愛にもとづいた行動を意味しているのであって、世俗的な愛を意味していない。というのは人間の愛は現世的で世俗的な対象に向かいやすく、それが神と真理に背反する場合には、肉的な欲望（cupiditas）となり、性愛や情欲の虜となるからである。だが、愛は神の愛の注ぎを受けることによって清められ、聖い愛となって、ふたたび神と真理に向かって方向を転換する。このような聖い愛としてのカリタスには邪欲から聖なる愛への先に述べたような「愛の動向転換」（シェーラー）をうちに含んでいる。それゆえ「愛の根」とは「神の愛」によって起こるこの転換を指している。

ところで愛は本性的に言って神と人間とを結びつける「膠《にかわ》」である。それゆえ人は愛によって神と結合し、他者をも志向する。これに神の愛が注がれると、世俗に向かっていた愛は方向転換を起こし、神に対する愛となる。愛はこのように人間のうちに生じている神への対向性を伴っており、この対向が転倒したとき、心がねじれた邪悪な情欲となってしまう。それゆえ、もしこの愛が正しいカリタスとなるならば、「愛せよ。そしてあなたの欲することをなせ」という愛の命法が実現されることになる。神の愛によってカリタスを授けられた人は、新しい存在を得ているのであるから、「愛の根」から当然善いわざが生じてくる。神によって与えられた新しい存在から倫理が形成されているがゆえに、ここにわたしたちは「愛の根」に立つ倫理が単なる自律でも他律でもない神律倫理として成立していると考えることができる（アウグスティヌス、前掲書、同頁）。

このような愛を隣人に向けると、外的な実在対象としての隣人ではなく、「神において隣人を」愛するがゆえに、「彼のうちにあるものをあなたが愛するのではなく、彼があるようにとあなたの欲するものを愛するのである」（Non enim amas in illo quod est, sed quod vis ut sit. アウグスティヌス、前掲書8・10）。ちょうど熟練した工匠が材木を見て将来の姿をその中に見るように、視力が強化された愛は、他者である実在に向かいながらも、同時にそれを越えて隣人の本来的な姿を洞察し、それを実現すべく具体的に関与して行く。したがって隣人愛は何よりもまず隣人が神を愛し、それによって幸福（救済）を達成することを目標としている。

（3）結婚の三つの善と神律倫理

アウグスティヌスの思想にはキリスト教とギリシア哲学とが十分に総合されることなく、未解決のままとり残されながら、教会の歴史にとって重要な役割を演じることになったものが多くある。性に関する問題もその一つである。カトリック教会は結婚の主たる目的を子供を生むことにおき、神の恵みによって成立するサクラメントと見なして、離婚を禁じ、結婚に優る善として童貞を説いてきた。この主張は実は主としてアウグスティヌスによって説きはじめられた見解にもとづいている。彼はカトリック教会の司教としてこのように説いているが、そこには人間としての苦しい経験が先行しており、性に対する厳しい対決の態度と否定的な解釈とを見のがすわけにはゆかない。というのは性に関する問題は彼の生死にかかわる重大な意義をもっており、結婚生活からの解放が救済体験の内実ともなっていたからである。

この点で彼はキルケゴールに近く、ルターとかけ離れている。キルケゴールの前にはひとりの女性レギーネ・オルセンが立っている。他方、ルターは女性のことで罪を告白したことも、苦悩したこともなく、結婚を神の賜物として感謝して受け入れ、感謝と喜びを味わっている。ところで、アウグスティヌスとキルケゴールが女性の問題で苦闘したとはいえ、両者のあいだの開きは実に大きいと言わなければならない。キルケゴールは神の前に単独者として立たねばならないと感じていたのに対し、アウグスティヌスは神の前に身心において清いものとして立たねばならないと考えていた。両者は共に「神の前に」立つ宗教的人間である点は共通であっても、結婚生活に入るのに先立って単独者となることを問うのと、非公認の同棲生活がもたらした問題から出発するのとでは相当の相違があるといえよう。彼の青年時代の放縦な生活は18歳のときカルタゴに遊学したときにはじまる。ある女性と同棲したのを見てもわかるように、彼は非常に早熟であった。『告白録』第3巻の冒頭には彼の心の状態が次のように描かれている。

わたしはカルタゴにきた。するとまわりのいたるところに、醜い情事のサルタゴ（大鍋）がぶつぶつと音をたててにえていました。わたしはまだ恋をしていませんでしたが、恋を恋していました。……〈恋し恋される〉ということは、恋する者のからだをも享受しえた場合、いっそう甘美でした。それゆえわたしは友情の泉を汚れた肉欲で汚し、その輝きを情欲の地獄の闇でくもらせてしまいました。……ついにわたしは、自分からひっかかりたいと熱望していた情事におちいりました（山田晶訳 III, 1）。

彼の弱点の最大のものは女性問題であり、これが知恵の探求を妨げ、回心においても最大の敵であった。ここで語られているもう一つ重要な点は、肉欲と情欲が友情の泉を汚したということである。彼は「恋し恋される」恋愛の相互受容が人間的間柄の美と晴朗《せいろう》とをつくりなしていることを知っている。それは友情の泉から湧き出るものでなければならない。ところが「恋する者のからだを享受する」愛欲に感染すると、明るくあるべき肉体関係が暗い情欲によって暗くされてしまう。友情は心と心との交わりであるが、これにとどまりえないことから、暗い欲望の生活に導かれた。「わたしをよろこばせたのは、〈愛し愛される〉、ただそれだけでした。けれどもわたしは、明るい友情の範囲内に、心から心への節度を保つことができず、泥のような肉欲と泡たつ青春からたちこめた霧で、心はぼやけてうすぐらく、ついには、はれやかな愛と暗い情欲との区別がつかなくなってしまいました。この二つが混合してわきたち、弱年のわたしをひきさらって、欲望の淵につき落とし、醜行の泥沼の中に沈めていったのです」(前掲書、同頁)。

アウグスティヌスは明るい愛と暗い情欲との双方を経験から知っていたが、キケロの哲学にふれることにより、この双方の愛が内心において分裂し、知恵への愛に対する妨害として肉欲が働きかけることになる。ここから激しい内心の分裂が生じた。彼の回心はこの古い生活の絆を断ち切って、全く新しくされることによって実現した。

それゆえアウグスティヌスの**回心**は名誉、金銭、女性という三つの欲望の対象から解放される出来事として述べられている。この欲望はプラトン的には感性的エロースにすぎず、これは超感性的イデアへの愛に連続的に高揚する本性をもっている。しかしアウグスティヌスでは感性的エロースは古い生活であって、そこから新しい生活へ飛躍しなければならないほど強力な支配を彼に対し与えていた。だから「心が古い酵母から清められねばならなかった」。救済の経験がその中心において女性問題であったことを知ってはじめて、わたしたちは彼の性に対する態度を理解することができる。つまりわたしたちが接するアウグスティヌスはヒッポの司教にして当時の教会を代表する神学者であるが、彼は自己の経験から結婚と性生活についての思想を述べているのであって、単に聖書のことばを反復しているのではない。ここに彼は愛の思想を深めていくことが認められるが、同時に思想の方向が間違っている点もあったといえよう。結婚と性生活について最もまとまった論述を行なっているのは『結婚の善』である。彼が説く結婚の三つの善とは何を言うのか。

(1) 結婚の第一の善は子供である

わたしたちはこの主張を彼がいかに根拠づけているか、その人間学的理解を知る必要がある。彼によると人間の本性は社会的であり、種族の類同性《るいどう》のみならず、血縁の絆によっても社会性を得ている。しかも人間社会の自然的な最初の結合は夫と妻とであり、子供が生まれることにより社会と人類は保たれている。そこで彼は結婚における共同を、子をもうけることにまさる善として認めている。

結婚が善であるのは、単に子を産むためばかりでなく、異なった性における本性的な共同そのもののためでもあるように思われる。そうでなければ、老人の場合には、特に子を失くしたり、あるいは子を産んだことがない場合には、もはや結婚とは言えなくなってしまうであろう。しかし今や、年を経た善き結婚においては、たとい男女の間での壮年の情熱は衰えても、夫と妻の間での愛の秩序が力強く生きているのである。なぜなら彼らが善き人間であればあるほど、それだけいっそう早く、相互の同意によって、肉の結合を控える。それは彼らが欲してもやがてできなくなるという必然性の問題ではなく、できることであっても初めから欲しないという称讃すべきことである。それゆえ、もし名誉と、どちらの性もお互いに対して負っている忠誠との信義が保持されていれば、たとい双方の肢体は衰え、ほとんど死んだようになっても、正しく結ばれた魂の貞潔は、結びつきが本物であるだけいっそう純粋に、また落ち着いているだけいっそう確実に、持続する。

（『結婚の善』岡野昌雄訳、「アウグスティヌス著作集7」教文館、234―235頁）

彼はまず結婚の目的を子供を生むことにおき、人類が維持されることの意義を説く。だから「結婚による子を生むための性的関係は罪ではない」。しかし、彼はただちに子供がなくとも身心をあげての全人格的共同の善を主張し、その善性は、身体の能力をも超えて道徳的結実をもたらすと言う。実際、肉的な不節制は悪であっても、結婚の善性は肉欲をも、子を生むという高貴な働きに変え、親としての感情が欲望を抑えて、重みのある人間関係をつくりだす。このように結婚の善は子を生む自然の傾向の中に求められていても、単に「生めよ、増えよ」という神の意志の実現にのみ目的がおかれているのではない。なぜなら罪が犯されなかったなら、性的関係なしにも子供が増加することは神にとって可能であったと彼は考えたからである。

(2) 結婚の第二の善は信義である

結婚は男女の全人格的交わりという共同の実現にあり、社会的共同の自覚がむらっ気な快楽と狂暴な情欲を拘《かかずら》え、究極の愛の姿である「**愛の秩序**」を確立する。そこには単なる身体的結合にとどまらない人格の共同があり、自然的情念から解放された愛の徳性がみられる。それが信義である。彼はこの信義をパウロに従って論じる。「妻は自分の身体に対して権能をもたず、それをもっているのは夫である。同様に、夫も自分の身体に対して権能をもたず、それをもっているのは妻である」(Ⅰコリント7・4)にもとづいてアウグスティヌスは夫婦は「互いに同等の信義を負うべきである」と主張する。もちろんこの信義は結婚の契約により許された範囲内で守られ、これを破る行為は信義を侵犯するゆえに姦淫の罪となる。この信義によって身体的価値に乏しい人でも、魂の善と結婚の善性が成立する。しかも互いに他を顧みる共同性のゆえに欲情をも抑制する。「欲情はそれ自身では抑制できない肉の弱さをもっているが、結婚によって、解き難い信義の共同性をもつようになる」（前掲訳書、238頁）。信義こそ結婚の積極的善性であって、単に姦淫や私通などの罪から人を守ることが結婚の善なのではない。つまり信義は互いに肉の義務を果たす行為の中に示されているが、そのことが相互に弱さを担い合う相互受容の共同を実現する。

アウグスティヌスは道徳的善をストア的に二種類に分け、それ自身のために求められるものと、他の目的のために求められるものとに分けている。すなわち目的自体と手段とに分けている。前者に知恵、健康、友愛が属し、後者に学識、食物、結婚が属している、と彼は言う。それゆえ、結婚は友愛のためにあることになる。道徳的善が目的のために手段となる善を位置づけることによって成立するように、結婚は友愛と共同のために存在価値をもっている。

(3) 結婚の第三の善は神聖なサクラメントである

これはキリスト者にとって結婚の最高価値となっている。したがって神の前で結婚の誓約をした者は、結婚の目的として子供が生れなくとも、このことのゆえに結婚を解消することは許されていない。

キリストの来臨以前と以後とでは結婚の意義も変化している。つまり来臨以前は「肉において来たるべきキリストに役立つために、子をもうけることが信仰自体のわざであった」(前掲訳書、259頁)。「しかし今は、聖にして滑らかな交わりに入るため、いたるところで、あらゆる民族からなる霊的結合の豊かさが満ちあふれる時であるから、ただ子をもうけるために結婚を望む者たちにも、むしろ節制というういっそう大きな善を使用するように、勧めなければならない」(同262頁)。こうして結婚は神の恵みの表現であるサクラメントとして、男女を永遠に結びつけ、節制の善を勧め、欲望を征服し、お互いに一致して聖性のより高い段階へ昇って行くのである。サクラメントとしての結婚の善は霊的意味をもち、肉に生まれた子供を霊において生まれかわらせ、聖徒の交わりに加え、神の聖なる意志の実現に向かわせる。

結婚の三つの善は男女の共同に由来するもので、自然(身体)的交わりから生じる子供、社会的交わりから生じる信義、霊的交わりの表現としてのサクラメントによって説かれた。この結婚の善も現実には情欲の支配下におかれ、情欲は道理や理性に従うことなく、人間の人格関係を破壊し、神によって定められた愛の秩序をふみにじっている。この情欲の支配は原罪の結果であって、その原因ではない。次に原罪と性欲との関連について考察してみよう。

（4）ペラギウス論駁書における原罪観

アウグスティヌスの性に関する最大の問題点は性的行為を通してアダムの犯した罪が人類に伝わり、原罪として波及したという学説である。この学説はペラギウス論争によってとくに表明されるようになったが、すでに中期の代表作『告白録』の後半部分から自覚されるようになった。そこには人間の欲性がさまざまな欲望において反省され、とくに情欲の克服しがたい苦悩が告白されている。この情欲はパウロ思想に従って「むさぼり」として理解されるが、性の領域における「むさぼり」こそ「肉欲」として優勢であることを彼は論じるようになった。アダムの罪はもちろん神の戒めに従わず、神に反逆し自己にのみ立とうとする高ぶり、つまり傲慢によって犯されたが、その結果、意志は正しい方向を失い、罪を犯さざるをえない必然性の下に立つにいたった。これこそ罪が生んだ結果であり、人間の自然本性の破壊となって人類に波及した原罪の事実である。この事実は、パウロにより「こういうわけで、ひとりの人によって罪がこの世にはいってきた。そして罪によって死がはいってきた。このようにすべての人にそれがゆきわたり、ひとりの人によってすべての人は罪を犯したのである」（ローマ5・12）と説明されている。このパウロの言葉はアウグスティヌスが用いていたイタラという古ラテン訳版によって訳出したものであるが、今日の訳では終わりの文章は「こうしてすべての人が罪を犯したので」となっており、「アダムによってすべての人が罪を犯した」とは理解されなくなった。

アダムの罪の結果である原罪は、人間の自然本性の破壊となり、「無知」と「無力」となって明らかになっている。前者は知性を曇らすことであり、何をなすべきかを知らないことである。後者は戒めを実現することができない意志の弱さを意味する。原罪はこのような罪の罰であり、神の審判なのであり、神を求める方向から転落した罪深い愛、したがって邪欲となって現われて来る。邪欲は性的なものにかぎらず、広く道徳一般の領域にわたって広まった。それは転倒した無秩序の意志であり、神を使用してまでも自己を享受しようとする。しかし邪欲は性の領域で肉欲として強力に支配し、人間をその奴隷にしている。これは克服しがたい罪性である。

こうして肉欲は「罪の娘」から「罪の母」にまでなり、原罪を遺伝させているとも考えられた。「肉欲はいわば罪の娘である。しかし恥ずべき行為を犯すことにそれが同意するときにはいつでも、多くの罪の母ともなっている」(『結婚と情欲』I・24・27)。だからキリスト信徒の両親から生まれた子供といえども、罪から洗い清める洗礼のサクラメントが必要である。

ペラギウスは原罪の遺伝説について批判し、原罪というのはアダムが示し、多くの人たちが倣った悪しき先例にすぎない。だからアダムの堕罪以後も罪を犯さない生活は可能であるという。したがってアダムとの関連は模倣という精神的行為であって、アウグスティヌスのいうような生物学的感染や遺伝なのではないと批判した。これに対しアウグスティヌスは結婚の善をくり返し主張して答えているが、そこで力説されているのは、子供を生むこと自体は罪ではないにしても、性欲にもとづかなければ子供は生まれないから、肉欲なしに生殖行為が実現されないということである。性欲（リビドー）は「身体の恥部を刺激する欲情」を意味し、「魂の欲性を肉の求めと結びつけ混合して人間全体を動かす」（『神の国』XIV, 16）。彼はこういう欲情なしに子を生むことを理想としている。あたかも無性の超人を志向しているようにみえる。

したがってわたしたちはアウグスティヌスが説いている「人間的な悲惨のこのような全体的な体験は情欲に現象している」（グレトゥイゼン『哲学的人間学』金子晴勇訳、知泉書館、155頁）ことを認めざるを得ないのである。性は人間の愛において重要な位置を占めている。アウグスティヌスは性愛においても神の定めた「愛の秩序」を樹立しようと格闘したのであった（『神の国』XIX, 14）。

第7章　霊的人間と霊化する恩恵

はじめに

アウグスティヌスがマニ教の決定論と対決して自由意志を肯定し、これによって「悪」の問題を解決するにいたったが、彼の自由意志についての理解は神の恩恵との関係で大きく発展した。そこには彼自身も認めているような思想上の発展があった。この発展は最初内面的な契機によってよりも、むしろ外的契機によって起った。つまり391年ヒッポの司祭となり、その5年後に司教になったことは、アウグスティヌスをして新プラトン主義の哲学から聖書へ、とくにパウロの手紙の研究へ向けさせた。こうしてガラテヤ書とローマ書その他の諸講解が彼の手によって著わされ、神学上の難問も彼のもとに寄せられたことがきっかけとなって、彼は聖書を解釈してゆきながら、自分自身がこれまでとってきた立場の誤りに気付くようになった。そのような思想上の発展は、自由意志の理解によってもっとも顕著にあらわれている。

司祭になった年からペラギウス論争が開始する以前の時期（396-411）、つまり中期の著作のなかでも最初に発表された作品『シンプリキアヌスに答えた諸問題』（Ad Simplicianum de diversis quaestionibus, 396）こそアウグスティヌスの思想的発展の跡をもっとも顕著に残している。この作品の第1巻第2問でパウロの予定説が論じられており、研究者たちはここにアウグスティヌスの思想体系の全体を解く鍵があるという。というのは彼自身『再考録』のなかで第2問で扱われた神の予定と自由意志について「わたしはこの問題を解決しようとして人間の自由意志を弁護すべく努力してきた。だが、神の恩恵がそれに勝った」（『再考録』II, 1, 1）と語っているからである。

このことに関してアウグスティヌスは、最初は自由意志を弁護したが、聖書の真理は神の恩恵を説き、信仰の出発点も神の賜物であることが自覚されるにいたったと説明している。ところでキリスト教思想史の上で信仰の出発点を自由意志におく立場は後にセミ・ペラギウス主義と呼ばれる。これはいわゆる異端ではなく、中世のスコラ神学は全体としてこの傾向をもっているのであるが、晩年のアウグスティヌス自身も以前はこの立場に立っていたことを認めている。すなわち、『聖徒の予定』で彼は次のように語っている。「主としてこの証言（Ⅰコリント4・7）によってわたし自身も反駁されたのである。以前わたしとても同様に誤っていた。わたしたちは、それによって神を信じる信仰が、神の賜物ではなくて、わたしたち自身から自己に生じると、また信仰によって神の賜物を獲得し、節度をもって正しくかつ敬虔にこの世で生きる、と考えた」(『聖徒の予定』3, 7、『堅忍の賜物』20, 52 参照)。

アウグスティヌスはシンプリキアヌスに答えたこの書の第2問において信仰も神の賜物であるという主張をはじめて明らかにした。それ以前は信仰の出発点は自由意志にあると考えられ、人間の側の主体性が説かれていた。さらに信仰自身が節度や敬虔と同様に一つの徳行として考えられていた点も問題とされており、信仰が道徳的罪と汚れを清浄なものにする徳の働きとみなされていた以前の立場がいまや修正されるようになった。このような思想の発展は単に聖書の研究からのみ生じたのであろうか。総じて思想の変化というものは単に外的な契機だけでは説明できない。もちろん、外的出来事は大きな転機を与えたとしても、なおそこには人間の現実に向けられた理解の深まりが当然存在するはずである。そこには霊的な自己理解と霊性の自覚が伴われていた。このことを中期を代表する著作から解明してみたい(アウグスティヌスにおいては神学思想がたえず人間学の問題によって性格づけられている。このことをルター研究家リンクが指摘して「人間学的問題設定が神学概念のすべてを呪縛している」と批判的に述べている。W. Link, Das Ringen Luthers um die Freiheit der Theologie von der Philosophie, S. 242.)。

（1）人間の自己理解の深化

このような人間観の変化は、魂のうちなる霊・肉の葛藤という聖書的人間観の受容にも現われる。とりわけ彼は『告白録』第8巻において霊・肉の内的葛藤をパウロのローマ書7章にもとづいて叙述し、そこでの人間は律法の下にある状況として把握し、ここから福音による救済を劇的に描こうと試みた。これは彼の人間に対する洞察の深まりを示しているが、パウロ思想に対する理解の深まりは、すでに熟しつつあり、『告白録』執筆以前の倫理的著作、たとえば『**節制論**』(De continentia) や『**キリスト者の戦い**』(De agone christiano) などによってその発展過程を辿ることができる。だがパウロのローマ書7章の解釈に関するかぎり、『告白録』以前では『**シンプリキアヌスに答えた諸問題**』第1巻が注目に価する。ここで得られた人間についての新しい認識にもとづいて『告白録』第8巻は書かれているように思われる。

アウグスティヌスはシンプリキアヌスの質問に答えて、ローマ書7章を、「律法の下にとどまっていて、いまだ恩恵の下にいない人の性格にもとづいて、使徒は語っている」(『諸問題』I, 9; I, 1を参照）と解釈する。そして、そのような人間を支配しているのは欲望 (cupiditas) と情欲

(concupiscentia) であり、これらは律法によって罪として認識され、罪責から生じる不安により恩恵を捉えるべく回心させられる。人間の罪は、まず原罪のもたらした可死性 (mortalitas) という人間の本性に及んでいるものと、快楽への耽溺《たんでき》によって罪が反覆され、習慣 (consuetudo) となったものとがある。この二者、すなわち可死性と習慣とが結託して、欲望が強大になり、罪と呼ばれ、肉のうちに支配と王権を確立する。アウグスティヌスは、ここで現実の悪の力を情欲のなかに捉え、きわめて積極的なものとみなした。悪はたんに善性の欠如 (privatio boni)、したがって本性の欠陥である原罪にとどまるものではない。悪はむしろ原罪が、人間の自由意志を通して主体によってそのつど犯される律法違反の習慣と結託して、強力に作用するものと理解された。だが、それゆえに人間の行為的主体への次のような勧告がなされる。彼はいう、

「それゆえこの可死的生において自由意志に残されていることは、人間が意志するとき義を成就するのではなく、賜物を受けて義を成就させたもうお方に嘆願し、信仰をもって自ら立ち返ることである」(同 I, 14)。

彼は信仰を、自由意志に根ざしながらも、その苦境に立って恩恵を呼び求める一つの意志的決断として把握した。信仰が行うこの主体的決断こそ、人間に根本的変化を生ぜしめる契機である。

しかし、シンプリキアヌスに答えた書物の第1巻、第2部ではローマ書9章の予定説を論じ、

予定の問題を、彼が恩恵論の立場から解釈しているが、このような方法は彼の中期の神学的思惟の特徴を示している（パウロのローマ書9章にある予定説の解釈問題は司祭に就任したころから書き続けられた）『八三の諸問題』（389-396）でも扱われており、「罪のかたまり」（massa peccati）としての人間の類的理解が説かれていた（同書68, 3; 4 参照）。その際わたしたちが注目すべき点は、人間の自由意志が罪の奴隷状態にあることの認識と恩恵学説の成立とが密接に関連していることである。この書の第一問の解釈では信仰が謙虚なる信心によって神の恩恵へと回心する働きとして自由意志にもとづいて生じると考えられた。この主体的な側面は第二問にも継承されるが、「信仰の恩恵」（gratia fidei）、すなわち「信仰によって」（per fidem）恩恵が獲得されるという主張を通って、さらに信仰自体は神の賜物であり、神の「召命」（vocatio）が、つまり神の側からの呼びかけが、イニシアティブをとらなければ、信仰は始まらないと説くにいたった。これはパウロの予定説を解釈しながら生じた変化であるが、その背景には人間を類的に壊敗のかたまりと見る原罪説が存在し、そこにわたしたちは人間学的自覚の深まりを見いだすことができる。したがって聖書解釈による神学的考察と自己自身に向けられた人間学的考察とは分かちがたく結びついている。そこでこの書に展開する基本的な主張を要約してみよう。

（2）恩恵の先行性と信仰

アウグスティヌスは「信仰の恩恵がもろもろの行為に先行している」（fidei gratia praeponens operibus. ibid.,『諸問題』I, 2, 2）ことから考察を開始する。恩恵が行為に先行し、この恩恵は信仰を通して受領される。この受領の働きは内的な、もしくは外的な勧告により促されて生じる。とくに教会における救済の礼典的客観性が「身体的感覚によるいっそう明確なる促し」と考えられ、サクラメントの受領により「信仰の恩恵」は確固たるものとなる（同）。このように神は恩恵を授与すべく外的に促し、「呼びかける者」（vocans）であるのに対し、人間は信仰によって恩恵を「受領する者」（percipiens）である。したがって神と人との関係は神が恩恵を授け人がそれを受ける授受の関係である。そしてこの関係は神が内的・外的に呼びかける促しにしたがって生じるがゆえに、神のイニシアティブによって呼び拓かれてくる関係の世界を造りだしている。

予定と救済の順序　予定説の最大の難問は信仰と自由意志との関係にある。つまり信仰が自由意志に発するとすれば、信仰による義というのは、信仰という善い行為を前提していると言えるのか。したがって使徒パウロが「選びにしたがって」と言っている意味は、信仰にしたがってという意味であろうか（同 I, 2, 5）という問題である。これに対するアウグスティヌスの回答は彼の恩恵論からなされる。信仰は恩恵の「召命」（vocatio ＝呼びかけ）から生じ、選びとしての予定は神の義とする働きの先行性から捉えられる。「選びは義とすることに先行しないで、義とすることが選びに先行する」（同 2, 6）。このように彼は予定を神の意志による強制という恣意的必然性とみないで、神の恩恵の結果として捉えている。したがって予定は信仰する者を義とし善いわざを生みだす「神の計画」のなかに位置づけられる。つまり神が信仰へと召命しているのであって、神の召命以前に信仰の生じる根拠を求めることはできない。それゆえ、信仰は義とされるための功績とはなり得ず、神の賜物に属している（同 6-7）。こうして神のあわれみがすべてにまさって力説される。そこでは人間の側の功績は信仰のそれを含めて否定される。このようにして「いったいあなたの持っているもので、神からもらわなかったものがあるか」（Ｉコリント４・７）が彼のパウロ主義の根本命題として確立される（同 9）。

信仰と意志の関係　次に信仰と人間の意志との関係について考えてみたい。アウグスティヌスによると信仰は神の「召命と霊の注ぎ」（vocatio et inspiratio）によって発動する。それは「神は信仰を注ぎ込むことによってあわれみをかけたもうた」(qui miseretur inspirando fidem ibid. 同上）と語られていることにより明らかである。そのような信仰の注入は決して魔術的性格をもつものではない。「召命」は神からの人間に対する呼びかけであり、この神のわざは人格的に人間にかかわり、自由を授ける行為であって、「神の賜物として授ける自由」（libertas donorum Dei）と言われる。何よりも「注入」（inspiratio）概念がもっとも重要であって、そこでは神の霊が人間に注がれて霊化する働きが起きる。信仰は、召命の場合においても、また注入の場合においても、謙虚になって受容する意志の行為である。だから、「意志しないでは（invitus）だれも信じないにしても、召命がなければ、だれも信じ得ない」（同2, 10）と言われる。その際、「受容する」というのは単なる受動ではなく、能動と受動との混合形態である。このことをブーバーは「〈汝〉がわたしと出会いをとげる。しかし、わたしが〈汝〉と直接の関係に入っていく。このように、関係とは選ばれることであり、選ぶことである。能動と受動とは一つになる」（『我と汝』植田重雄訳、岩波文庫、19頁）と語っている。

そこで召命から選びへと発展するか否かはこの意志にかかっていることになる。聖書に「招かれる者は多いが、選ばれる者は少ない」（マタイ22・14）とあるように、意志しない者を含めてすべての人は招かれているが、選ばれた人は疑いなく意志して信じた人である。しかし、パウロはローマの信徒への手紙9章16節で「それは人間の意志や努力によるのではなく、神のあわれみによる」と反論し、人間の側の意志を否定している。これに対しアウグスティヌスは聖書から典拠を示して（例えばルカ2・14、Ⅰコリント9・24）、意志し走らねばならないという。そこで彼は「わたしたちが意志するようになること」（ut velimus）と「わたしたちが意志したもの」（quod voluerimus）とを区別し、前者つまり意志の発動には神の召命と人間の信仰がともに作用することがなければならないが、後者、つまり意志の内容は善い行為と幸福な生涯であり、これは神によってのみ与えられるという。

このような考え方は神と人とが協働して救いを達成する協働説のような外観を呈しているが、実際は恩恵のみの神学に人間学的反省が加わって生まれたものである。アウグスティヌスによると意志には同意する働きがあり、神のあわれみによる召命も、それだけでは不十分であり、意志が加わらねばならない。「意志の同意が加わらなければ神のあわれみだけでは不十分である」（同12）。しかし人間の意志の現実はいかなるものであろうか。

（3）人間の類的理解による肉的人間と霊的人間

アウグスティヌスは人間を全体的にとらえ、しかも類的存在としては「罪のかたまり」（massa peccati）であるとみなして次のように言う。「使徒が〈アダムにおいてすべての人は死んでいる〉

と言うように、アダムによって全人類のなかに神の怒りの泉が流れ込んでいる。それゆえに、すべての人間は、神の至高の正義に対し罰を負うている、一つの罪のかたまりである。この罰がとり除かれようと科せられようと、神には不正はない。だれから罰がとり除かれるべきか、だれに科せられるべきかを債務者が判断を下すことは明らかに傲慢である」（同16）。

人間を類的な存在と見る点では初期のマルクスを想起させる。「人間は一つの類的存在である。というのは人間は実践的にも理論的にも、彼自身の類をも他の事物の類をも彼の対象にするからであるが、それればかりでなく……人間は自己自身にたいして、眼前にある生きている類にたいするようにふるまうからであり、彼が自己にたいして、一つの普遍的な、それゆえ自由な存在にたいするようにふるまうからである」（マルクス『経済学・哲学草稿』城塚・田中訳、岩波文庫）。しかしその内容はマルクスがヒューマニスティックな幻影を懐いていたのに対し、アウグスティヌスは原罪の悲観主義に立っていた。

また神の予定の秘義は人間の尺度をもって計り知れない公義に根ざしている。したがって債権者の側の正義（自己の要求する刑罰を科しても放棄しても不正とならない）が神の予定において見られ、これに対し債務者はとやかく判断を下すことは不当である。ここに神の正義がもっている超越性、つまり人間の判断を超えている秘義と対比的に人間が罪のかたまりであるとみなされている。罪のかたまりは「罪人の集団」(massa peccatorum) とも、またエレミヤの比喩によって「全体が一つになった陶土のかたまり」(una conspersio omnium) とも表現されている(同 17-20)。人間の罪をこのように全体的かつ類的にとらえることは、一方において人間の力によっては克服しがたいほどにまで罪の現実を深刻にとらえているのみならず、他方人間を類的に全人類の集団として捉えており、さらに全体的に、つまり精神と身体を含んだ人間の全体がいかに存在しているかを問い、人間のあり方を霊と肉としてとらえる人間学的区分がここから説かれるようになった。この肉的人間が霊的人間に変えられることが救済であり、神の霊の働きによって人間は霊化され、罪のかたまりから解き放たれる。

使徒は肉的人間について明らかに語っていると思われる。なぜなら最初の人が造られた土のかたまりを彼は指し示しているから。またすでに述べたように、同じ使徒によれば、「すべての人はアダムにおいて死んでいる」とは、すべての人が一つの陶土のかたまりであることを言っているのである。ある器は栄光へと造られ、他の器は恥辱へと造られているとはいえ、栄光へと造られている者も、肉的な存在から開始し、そこから霊的な生命に新生しなければならない(同 17)。

さて「肉的人間」(homo carnalis) は「肉の情欲」(cocupiscentia carnalis) の支配している状態であり、これこそ「すべてにゆきわたっている根源的罪過」(originalis reatus in omnia permanans) である。この罪過のゆえに本性上善である精神と身体は毀損され、悪化している (同 20)。それゆえ人間の自由意志も罪の下に売られた奴隷状態にある。「意志の自由決定はたいへん強力なものである。事実そのとおりに存在しているが、罪の下に売られている者たちにおいてそれはどんな力をもっているだろうか」(同 21)。自由意志は存在している。しかし、罪の下に売られた奴隷状態ではまったく無力である。この無力になった意志を動かして信仰にまで導くのは聖霊の賜物、つまり恩恵の注ぎ以外にはない。「したがって、わたしたちを神へ向かって前進させるものがわたしたちを喜ばせるとき、このものは神の恩恵によって注ぎ込まれ与えられているのであって、わたしたちの意向・努力・行為の功績によって得られたのではない。なぜなら意志の意向・熱烈な努力・愛にもえる行為が生じるのは、神が与え、おしみなくほどこしたもうたからである」(同)。

このように神が人間の意志を内的に動かすことなしには神へ向かって回心する運動は生じない。「意志自体は心を喜ばせ魅了するなにかが生じないなら、決して動かされ得ない。しかし、このことを生じさせることは人間の力には与えられていない」(同 22)。この結論こそ自由意志を弁護しようと努力して神の恩恵が勝利したとアウグスティヌスが述べていた事態にほかならない。自由意志は存在しているが現実において罪の下に売られた状態にあり、無力である。ただ神の恩恵からくる召命と聖霊の注ぎによってのみ信仰への道に立ち向かうことができる。だから信仰も神の賜物なのである。ここにアウグスティヌス的恩恵論が「**恩恵のみ**」という形ではじめて成立している。

(4) ローマ書7章の解釈と霊性

『告白録』執筆当時、アウグスティヌスは自己の回心の出来事を中心に思索を展開しており、パウロのローマ書7章も、当然、恩恵以前の律法の下に立つ人間を語るものと考えていた。しかし、これとても彼の確定的見解ではなく、別様にも解していた(その例として『主の山上の説教』II, 7, 23; 11, 38;『節制論』17, 18, 22, 23参照)。しかし『告白録』第10巻では、すでに述べたごとく、回心以後の現在の自己省察は、恩恵の下にあっても試練に絶えず襲われているのであり、克服し難い「習慣の重荷」(consuetudinis sarcina)のもと悲惨な状態にいることの自覚にたっしている(『告白録』X, 40, 65)。

(1) ローマ書7章の解釈の変化

このように中期の作品の中にも、すでに後期の思想が含まれているのであるが、アウグスティヌスはペラギウス論争の途上419年にローマの信徒への手紙（以下ローマ書と略記する）7章について従来とってきた解釈を突然捨て、パウロはここで律法の下に立つ人間のみではなく、恩恵の下に立つ人間についても語っているとし、罪の赦しを得ている信仰者にも罪との戦いがあるという解釈に転向した。例えば『ペラギウス派の二書簡駁論』（I, 10, 22）ではすでに415年頃からローマ書7章における人間の問題について考察が始められ、詩篇講解や説教において言及され、さらに使徒（パウロ）は自分自身のことを語っていると見るようになった（『結婚と情欲』I, 30-36）。そして決定的には『ユリアヌス駁論』で転向の説明が与えられた（VI, 23, 70-73 参照。なおローマ書7章の解釈については次の研究がある。Jonas, H., Augstin und das paulinische Freiheitsproblem, 1930; Dinkler, E., Die An-thropologie Augustins, 1934; Platz, P., Der Römerbrief in der Gnadenlehre Augustins, 1938.）。

この転向はカトリック教会の護教家として、とくに恩恵を授ける施設としての教会の役割を拡大するため、人間の善性、もしくは自由意志を制限し、人間全体を罪の中にあるとしたのであろうか（Bauer, Die christliche Kirche vom Anfang des vierten bis zum Ende des sechsten Jahrhunderts, 1859, S.144.

これにこれに対する反論として Reuter, I-1, Augustinische Studien, 1967, S.16ff. がある)。また、単に教義上の論争の結果生じたのであろうか。ペラギウスは恩恵を罪の赦しとしての洗礼に限定し、永遠の生命は人間の功績によって与えられると説いた。彼は自由意志を神の恩恵と考え、聖霊は必要ではない、と説いた。

ところでアウグスティヌスの思想を、その発展の相の下に把握するなら、この転向はすでに中期の著作の中に萌芽としてあった。それはペラギウスとの論争を契機として前景に出てきたものである、と考えられる。このようなデンクラーの解釈は転向の原因を宗教的深化(religiöse Vertiefung) として捉え、それは情欲の克服し難いこと (Unüberwindbarkeit der Concupiscenz) に帰因すると解釈した (Die Anthropologie Augustins, op. cit., S. 271)。

もちろん後期の思想では人間の主体性の要素は次第に消極的になっている。つまり信仰は自由意志の決断によって得られるというよりも、神の恩恵によって授与されるという点に強調点がおかれ、情欲 (concupiscentia) にしても、中期の作品『節制論』では、節制が情欲に対決し、その戦いから恩恵も説かれていたが、後期では情欲の克服しがたいことが、したがって一種の原罪=悲観主義というべきものが見られる。これはペラギウスの自律的な人間観と当為を強調する義務論的倫理からすれば道徳的には後退していると思われた。だが、そこには人間の現実に向けられた一層深い洞察が認められる。すなわち欲情や罪が安易な解決を許容しない根深かさについての徹底した自覚がある。このことは『告白録』第10巻の宗教的な自己省察の内容と一致している。これは思想がいっそう深化していって、聖書解釈上の変化を起こしたといえよう。

(2) 宗教的深化と聖書解釈

解釈学は聖書の解釈にとどまらない。アウグスティヌスの思惟も自己の体験の解釈学的な傾向をもっている。たとえば彼をマニ教の迷妄から解放したのはアンブロシウスの比喩的聖書解釈であった（『告白録』VI, 4, 6）、がアウグスティヌスは比喩的聖書解釈の原理を『キリスト教の教え』のなかでも展開するが、このような原理にもとづいて解釈学的思惟が三位一体の教義にも向けられた。

『三位一体論』は、その構成上から見ても明瞭なように、この解釈学的構成が認められる。すなわち前半は聖書の証言とカトリック教会の伝統的教義にもとづく信仰による三位一体を叙述するものであって、この部分は要するに教義学的な部分である。しかし後半はさらに内面的方法で人間の理性認識の作用に対する考察にもとづいて三位一体なる神の認識を問題にした。つまり、教義の解釈学を展開させた。

同様のことはアウグスティヌスの時間論や創造論についてもいえるのであるが、他ならないペラギウス論争における恩恵の教義を扱った諸著作でも解釈学思惟の変化が認められる。そこでは、論争の的となった教義が彼の内面性の深みから解釈される。聖書解釈の一つの例をペラギウス派駁論書のなかでも最晩年に属する『恩恵と自由意志』(De gratia et libero arbitrio, 426-27) からあげてみたい。

それはエゼキエル書18章31―32節について論じた箇所で説かれている。そこではこう言われる。「『イスラエルの家よ、どうしてお前たちは死んでよいだろうか。わたしはだれの死をも喜ばない。お前たちは立ち返って生きよ』と主なる神は言われる」と。ペラギウスはこの聖句が戒めとして自由意志に与えられたと考える。つまりこの言葉は戒めを述べているとみなす。これに対しアウグスティヌスはこの神の律法の背後には神の恩恵の意志を認めることが何より大切であるという。なぜなら「神よ、わたしたちを連れ帰り、……お救いください。」(詩編80・4) と呼びかけられている神が、ここでは「お前たちは立ち返って生きよ」と語っているから、すなわち「わたしはお前たちに新しい心を与え、お前たちのなかに新しい霊を置く」(エゼキエル書36・26) と言う神自身が「お前たちに新しい心と新しい霊を造ろう」と語っているからである(『恩恵と自由意志』15, 31)。後にこのエゼキエル書の解釈をめぐってルターとエラスムスが激しく論争したが、ルターが『奴隷意志論』(De servo arbitrio) のなかで論じた思想は、すでにアウグスティヌスによって十分解明されているものである (WA. XVIII, 682f.)。ルターもアウグスティヌスと同じくこの聖句のもとで神の律法ではなく、神の恩恵の意志を把握していた。

アウグスティヌスにとって新しい霊を人間に与える神は「恩恵の御霊」(spiritus gratiae) によって人間の心の深奥である霊に働きかけ、頑な石の心をとりのぞき、信仰をもつようにさせる (前掲書 14, 30)。彼は次のように言う。

恩恵の御霊はわたしたちに信仰をもたせ、信仰による祈りをもって、命じられていることができるようにしたもう。律法が命じるものは、わたしたちがそれを行ないうるために信仰を通して祈り求め、実行できる力を獲得するのでなければ、わたしたちはそれを実行できないから (同 14, 28)。

このように恩恵と自由意志についての論争は聖書解釈の問題となって表面化するが、ペラギウスとアウグスティヌスの宗教的体験の相違にまで遡って理解しなければならない。アウグスティヌスのもとでは人間の意志の脆弱さ(infirmitas) と神の全能の徹底した認識が逆対応的な相関でもって捉えられた。ここでは意志と神との関係が一般的に、したがって道徳的に関係するのではなく、逆対応の関係である。それゆえ人間の生が試練（tentatio）と戦い（certamen）のさ中にあって神の恩恵が働く場（gratiae Dei locus）となる（同 4, 6ff.）。こうした宗教的に深まった認識がアウグスティヌスの全思想に貫かれており、さらに天地の創造者はこのような心に働きかけ、清い心（cor mundum）を創造することによって新生（regeneratio）に導いている（同 4, 6ff.）。それは聖霊の働きを無視したペラギウスとの論争過程で強力に説かれるようになった。

(3) 恩恵論の完成した図式

このように心に働きかけ、新しい生命を創造する神の恩恵こそ、後期アウグスティヌス神学の中心的テーマである。彼はペラギウス派との初期の論争文書『霊と文字』（De spiritu et littera, 412）で、神の愛が聖霊を通して心に注がれ、信仰によって律法が愛され、完成されるにいたることを強調した（『霊と文字』14, 26; 17, 29 ; 21,36）。神は心と意志の奥底とを調べる者である。この神の前に人は心の戦慄をもって恩恵に寄りすがらなければならない。ここで再び「心」概念が神の前なる自己を表わし、キリスト教の教義を彼がこの内面的な心つまり霊性から解釈している。神の愛が聖霊によって心に注がれて、愛の倫理の完成、すなわち律法の成就にいたるが、このことは恩恵論の発展的図式として確立される。『書簡集』では次のように言われる。

律法は、恩恵なくしては実現できないことがらを、教え命ずることによって人間に自己の弱さを明示する。それは、このように証明された弱さが救い主を求めるためであり、この救い主によって救われた意志が、弱さのゆえに不可能であったことがらを可能にする。それゆえ律法は〔証示された弱さによって〕信仰にまで導き、信仰は無償の御霊を求め、御霊は心に愛を注ぎ、愛が律法を実現する（『書簡集』145, 3）。

このように愛が心に注入される前提には律法による人間の意志の脆弱さの認識があって、人間の絶望的状況こそ原罪の教義と恩恵の絶対的必然性と逆対応的に説く根拠となった。この人間の絶望的状況はアダム神話を借りて語られるが、この状況はキリスト教的な生活体験からの解釈にとっては先に『告白録』で考察した「神の前における自己」にほかならない。彼の時代にはいまだ教義として確定していない原罪の教義は、実は教義以前の、また教義外の、基礎的体験の事実を指し示しているのではなかろうか（金子晴勇『ルターの人間学』創文社、544頁以下参照）。アダムの堕罪という神話的表象は、この事実を過去へと移して解釈したものであり、予定の教義はこれを未来へと移して解釈したものである。これらの教義はアウグスティヌスの深淵的な自己認識から解釈されているかぎり、有意義なものである。したがって原罪と密接に関連する幼児洗礼の教説も、彼が『告白録』第1巻で自己の姿を新生児にまで遡って考察し、原罪の教義と自己の存在を結びつけて解明している。それゆえそれは単なる教義上の合理的に組織された二次的問題であったとヨナスは言うが(Jonas, H., Über die hermeneutische Struktur des Dogmas, in : Augustin und das paulinische Freiheitsproblem. S. 80ff.)、それは正しくない。そうではなく総じて教義化は自己を解釈し、共通の言語へと客体化しようとする人間の根本的な営みであって、原罪の説には罪と恩恵のように逆対応的に理解される体験的な事実に根ざしているといえよう。

原罪説と予定説を中心にする恩恵論もこのような体験の解釈学的構造からして初めて正しく把握できるであろう。また、恩恵による霊的新生、愛による律法の成就といったアウグスティヌスの後期倫理説もこのような教義とともに発展してきたものである。

完成されたアウグスティヌスの恩恵論の図式は「**律法↓意志の弱さの認識と愛の注ぎ↓救済と新生↓愛による律法の実現**」であるが、これはペラギウスの恩恵論の図式「**律法の恩恵↓意志による律法の実現**」を内に含んでおり、相違は内面性の理解に求められる。つまりキリスト者といえども絶えざる罪の試練のもとにあるがゆえに、信仰による神への絶対的依存(adhaerere

Deo）こそ、人間にとって最高善であり、信仰こそ神の前に立つ自己の真の姿である。それゆえに、神の恩恵はただ心の戦慄（tremor cordis）をもってに寄りすがらなければならないと説かれた。

そこでアウグスティヌスの図式からペラギウスの図式を引いてみよう。「律法→意志の弱さの認識と愛の注ぎ→救済と新生→愛による律法の実現」から「律法〔の恩恵〕→意志による律法の実現」を引くと、「**意志の弱さの認識と愛の注ぎ→救済と新生**」が残る。この図式で最後の残余となったものが恩恵論の図式の「中間規定」なのである。したがって両者はともに自由意志によって律法が実現すると説いていても、この中間規定が不可欠なのは中間の意志をどのように把握するかにかかっている。自由意志は選択機能をもっているが、現実には本当に律法を実現する力を備えているであろうか。ここでは単なる「機能」（Funktion）の存在が問われているのではない。問われているのはその機能は十全な力を発揮できるのかということである。つまり「自由意志は自由であるのか」なのである。

『告白録』で問題とされた「習慣の鉄鎖」・「悪の必然性」・「罪を犯さざるを得ない」というのは、自由意志の働きを含んだ必然性であって、「強制」ではない。これは自由の三段階図式の中間に示される状態である。三段階は次のように提示される。①無垢の状態「罪を犯さないことができる」（posse non peccare）、②罪の奴隷状態「罪を犯さざるを得ない」（non posse non peccare）、③

キリストによる新生「罪を犯すことができない」(non posse peccare) によって示される（詳しくは金子晴勇『アウグスティヌスの人間学』第2部第2章5節「人間学的三段階」332—345頁参照)。

そうすると「自由意志〔の実質〕は自由とされなければならない」ことになり、「自由とされた自由意志」(liberum arbitrium liberatum) が不可欠となる（『ペラギウス派の二書簡駁論』III, 8, 24)。こうして自然本性的な自由は恩恵によってさらに自由とされ、自由が拡大されることになる。ペラギウス派との論争を通して確立されたのは、このような自由の理解なのである。

ペラギウス主義は先の基本系列「掟—自由意志—報酬」において成立し、「神の恩恵はわたしたちの功績にしたがって与えられる」という主張によって示される。この命題をペラギウス自身はパレスチナの司教会議で尋問されたとき、一度は取り下げたのに、再び主張し、断罪されるにいたった。恩恵は功績によって獲得されるのではないことは聖書も明瞭に語っており、とくにパウロの回心の記事に明らかである。パウロが「わたしと共にあった神の恩恵」(Ⅰコリント15・10) というのは「きわめて有効な召命による回心」を生じさせる神の賜物である。「それはただ神の恩恵のみであった」(『恩恵と自由意志』5, 12)。

ペラギウス主義が「わたしたちの功績」ということで自分が実現できるものを考えているが、「いったいあなたの持っているもので、神からもらわなかったものがあるか」(Ⅰコリント4・7)

とパウロはそれに反論する。こうして「神があわれみたもうのでないなら、信仰さえもつことはできない。それは神の賜物である」（『恩恵と自由意志』7・17）ことになり、信仰によって生じる善いわざも「そのために神があなたを組み立て、すなわち形成し創造したのである」。それゆえ、「永遠の生命は、恩恵に対して報いられる恩恵である」（同9, 21）と説かれた。

したがって恩恵をも自然とみなすペラギウス主義は、単に創造の恩恵だけを語って、罪によって壊敗した自然からの解放としての救済の恩恵を無視している。これでは現実の罪との戦いに勝つことはできない。こうして恩恵は律法の知識でも、自由意志の所有でも、洗礼による過去の罪の赦しでもなく、罪の支配から人間を解放し、信仰を新たに創造する恩恵の霊として心中深く活動し、「恩恵の霊はわたしたちに信仰をもたせ、信仰による祈りによって、命じられていることを実行しうるようにする」（同14, 28）。しかもこの霊は人間の日常の意識よりも深く作用するため「信仰はたとえ求められていない場合でも与えられる。これが恩恵の霊である」（同上）とも言われる。ここに人間の意志に関わらない魔術的注入とか、不可抗的恩恵を捉えるべきではなく、パウロの回心にみられるような人間に依存しない神の恩恵の絶対性、したがって救いのイニシアティブが神の側にあることが言われていると考えるべきである。

(4) 恩恵による自由の発展

だが、アウグスティヌスはこのような恩恵の絶対性に立っていても自由意志を否定しているのではなく、かえって確立していることを協働的恩恵の主張によって説くようになった。彼はまず活動的恩恵から語りはじめる。神の恩恵は常に善であり、悪い意志の人を善い意志の人に改造し、さらに「小さく弱い意志」から「大きく強い意志」に成長させ、神の律法を実現させるように働く（同 15, 31）。こうして自由意志は罪の下にある不自由の奴隷状態から解放され、恩恵により自由は増大してゆくのである。

わたしたちが行なうとき、行なっているのは確かにわたしたちである。しかしわたしたちの意志に対しきわめて有効な力を与えて、わたしたちが行ないうるようにするのは神である。……神がわたしたちの行なうという事態を起こしたもう。つまりわたしたちをして行なわしめたもう（同 16, 32）。

このようなわたしたちの行為の実質について彼は活動的恩恵と協働的恩恵との区別によって説明し、神の恩恵はまず「わたしたちなしに」（sine nobis）意志に働きかけ、わたしたちが意志しはじめると「わたしたちと共に」(nobiscum) 協働して完成に導くが、「恩恵なしには」(sine gratia) 人間は何事もなすことができない、と説いている。「というのは、神ご自身が、開始するに当たってわたしたちが意志するように働きかけ、完成に当たってわたしたちの意志と協働したもうから」(同 17・33)。恩恵のはじめの働きは「活動的恩恵」(gratia operans) と呼ばれ、後のは「協働的恩恵」(gratia co-operans) と呼ばれる。

活動的恩恵は神の霊のそそぎによって創始される。アウグスティヌスは基本思想を提示して言う、現世における人間の義の完成は、キリストにおいてしか、その実例が見られないとしても、その可能性は認められなければならない。というのは神は現に実行していない多くのことをなすことができたから。

彼は言う「罪の奴隷は〈義から自由〉となっており、その場合、わたしは言う、意志は自由だが、自由とされていない (arbitrium, liberum, sed non liberatum)、義から自由だが罪の奴隷である」(De correptione et gratia, 13, 42) と。ここに自然本性的な選択の自由と主体的な神学的自由がはっきり区別され、「自由とされた自由意志」(liberum arbitrium liberatum) が同語反復ではなく、また「拘束された自由意志」(liberum arbitrium captivatum) が形容矛盾でないことが明らかになった。むしろそこには自由が単なる自由意志の選択的な行為を超えて、質的に高まったことが判明する。

しかし、このアウグスティヌスの主張に対する反論はやまず、教会内部からの批判という形で起こり、信仰と功績となる善いわざとを奨励するためには、自由意志が認められねばならない、と批判された。これに対しアウグスティヌスは次のように説いた。すなわち聖書にしたがって自由意志が認められても、必ずしもそれは現実の働きでは実質的に善ではなく、義から自由となって罪の奴隷となっている。あるいは意志は罪から解放されて善となっている。自由意志はこのいずれかであるが、神はその恩恵によって罪から自由意志を解放するために働き（活動的恩恵）、こうして生じた善い意志に協働して善い行為を完成に導く（協働的恩恵）と説いた。前者では「神はわたしたちなしに働きたもう」（Deus sine nobis operatur）とあるようにわたしたちの業に先行的に働き、後者では「わたしたちと協働したもう」（nobiscum cooperatur）とあるように協力する（『恩恵と自由意志』17, 33）。このように恩恵の働きが区別される。これによって教会の内部からの批判に対し彼は答えたが、中世では自由意志を支持する人たちが依然として多く輩出するようになった。したがってアウグスティヌスが説いた恩恵論をどのように哲学的に基礎づけるべきかが後代に課題として残された。

第8章　『神の国』の霊性

(1) 人間学の完成された図式

アウグスティヌスはその主著『神の国』で人間学的に見てもっとも重要な説である「人間学的三段階説」を主張した。一般的にいって人間は時間的な存在であっても、ある時期を区切って古い自己から新しい自己に転換することができる。それゆえ人間は、時間的であるため死に至る存在でありながらも、現在の状況を乗り越えて真の自己に到達しようと願う。そのことを簡潔に示す創造・堕罪・救済の三段階説は、①無垢の状態＝「罪を犯さないことができる」(posse non peccare)、②罪の奴隷状態＝「罪を犯さざるをえない」(non posse non peccare)、③キリストによる新生＝「罪を犯すことができない」(non posse peccare) から成り立っている。このことを『神の国』の叙述にしたがって述べてみよう。

(1) アダム的人間と始原の状態

人祖アダムのもとで神による人間の創造と罪による堕罪の出来事とが生じたので、アウグスティヌスはこの出来事を反省して、人間学的な考察をはじめる。こうして創造における人間の本来的存在と、罪による人間の堕落によって生じた非本来的存在とが対比的に論じられ、さらにキリストを第二のアダムとみて人間存在の回復が考察される。これこそキリスト教人間学にとって尽きない思索の源泉となった。なかでも罪による本性の破壊は、かえってその偉大さを証明するのである。アウグスティヌスは言う、「その欠陥自体は、自然本性がいかに偉大であり、いかに称賛に値するかの証明である」(『神の国』XII, 1, 3)と。ところで始原における人間の特徴の第一は、神によって造られた被造物というあり方であって、それ自身は神ではないということである。確かに被造物は可変的であって、「不変的な善は、一にして至福な神のほかには存在しない。他方、造られたものは、この神によって造られたかぎりで善であるが、神からではなく無から生じたかぎりで可変的である」(同上)。

ところで、同じく被造物であるとはいえ、天使は純粋に霊的存在で不滅であるのに、人間は身体をもつ形態的被造物であり、しかも時間とともに造られているがゆえに、天使と動物との中間的存在である。また人間が無から創造されたと言われるとき、そこには無に傾く可変性が含意されているので、罪を犯す可能性が人間には初めから潜んでいる。しかし「神の像」として人間が造られたのは、理性と知性とが人間に授けられているからであって、動物との種差は理性に求められる。また身体は魂の支配に服し、その支配に合致するかぎり、魂の重荷ではなかった。

アダム的人間の特質の中でもっとも多く論じられたのは意志の状態である。神は人間を正しい者、善い意志をもつものとして造った〔同 XIV, 12〕。この意志には選択の自由が与えられていた。「意志の選択が悪徳と罪に仕えないときには、真に自由である」〔同〕。ここに選択の自由つまり「**自由意志**」と、自由の状態つまり「**真の自由**」とが明瞭に区別される。人間は生まれながらにして自由意志をもち、神の意志を守るかぎり、善にして自由であったが、戒めに背く可能性もあったことになる。しかも「神はアダムが恩恵なしに存在することを欲しないで、彼の自由意志に恩恵を残しておいた。なぜなら自由意志は悪をなすには十分であっても、善い全能者によって助けられないなら、善をなすには不十分であったから。あの人〔アダム〕がこの援助を自由意志によって捨てなかったならば、彼はつねに善にとどまったであろう。ところが彼はそれを捨てたのであり、〔恩恵から見〕捨てられたのである」〔同 XI, 31〕。このような自由意志の状態は、「罪を犯さないことができる」という特質をそなえもっている。

⑵ 堕罪と原罪の波及

アダムの堕罪とともに人間学の第二段階が始まる。始原の状態であった楽園の平和な生活は、神に背いて堕落した天使が人間に対して抱いた嫉妬から生まれた誘惑によって失われる。蛇がその代弁者となり、女を神の戒めに背かせ、女によって男も罪に堕ちた。アウグスティヌスは堕罪の物語を通して、人間の罪の根源が「高慢」であることを次のように説いている。「最初の人間たちがあらわな不従順に陥る前に、すでに隠れたところで彼らの悪は始まっていた。すなわち悪い意志が先行しなければ、彼らは悪業に至りはしない。ところで悪い意志の始まりは高慢でないなら何であろうか。実際、〈すべての罪の始まりは高慢である〉（シラ書〔集会の書〕10・13）と言われている。この高慢とは、転倒した仕方で高くなることを求める以外の何であろうか。転倒した仕方で高くなるとは、魂が寄りすがるべき者を捨てて、いわば自分が始原となり、また始原であるということである。それは魂が自分をすっかり気に入るときに起こっている」（同 XIV, 13, 1）。

高慢の罪によって人間は被造物としての分限《ぶんげん》（身分の程度や分際）にとどまらず、神の秩序に違反してしまう。そのため罪の結果である神の罰を身に負うことになった。それは罪の報いである。すなわち神から離れることによって、魂は生命の源から断たれ、死の性《さが》を身に負うことになった。「アダムが罪を犯したとき、生命の樹から遠ざけられ、時間に引き渡され、年老いて終わりを迎えるように定められた」(同 XIII, 23, 1)。こうして死は罪の罰として生じたのであるが、恩恵が取り去られると、人は身体が裸であるのに気づいて、心を乱し、恥部を覆った。なぜなら身体は恥かしいものではなかったのに、肉が不従順な動きを起こしたからである。

こうした罪の結果は人類の全体に波及し、原罪として伝わった(ローマ5・12)。「最初に罪を犯した人間たちに罰として加わったものが、あとに生まれる者のうちで本性となって働くのである」(同 XIII, 13, 3)。したがって死と本性の壊敗(たとえば知性の無知と意志の無力)とが、原罪としてアダムの子孫に重くのしかかっていく。その際、原罪を伝播する働きが情欲や邪欲にあると考えられ、情欲のうちに人間の不幸の全体が現象していると説かれた。この原罪の支配下にある人間の根本的あり方は、罪の奴隷状態(「罪を犯さざるをえない」)として規定される。自由意志は存在していても、原罪によって拘束された状態にある。

(3) 神の恩恵により新生した本性

キリスト教人間学の第三段階は、罪と死によって破壊された自然本性が神の恩恵によって新生し、霊と肉との葛藤によって引き裂かれた内心の分裂が克服され、天上の平和たる「秩序の静けさ」が与えられることによって成立する（同 XIX, 13）。自然本性の回復は、意志が罪の拘束状態から救済者（キリスト）の恩恵によって解放されるときに生じる。「意志の選択は悪徳と罪に仕えないときに真に自由である。神によって意志はそのような存在を与えられる。それが自己の欠陥によって失われた場合、それを与えた神によるのでないなら回復されない。それゆえ真理である〈キリスト〉は言う、〈もし子があなた方を自由にするなら、あなた方は真に自由となるであろう〉（ヨハネ8・36）と。キリストは自由を与える方であると同時に、救い主でもあるからである」（同 XIV, 2, 1）。

このようなキリストによって与えられる真の自由は、「罪を犯すことができない」状態として規定される。この新生は神による義認に始まり、聖化の過程を経て、義の完成に向かうが、その完成は現世においては不可能であっても、終末論的な希望のもとにある。

（2）霊的な人間の完成した姿

アウグスティヌスは『神の国』最終巻の第22巻で永遠の至福と霊的な新生について語っている。そこに彼の霊性思想がまとまった形で論じられているので、紹介しておきたい。

この最終巻で彼は神の国の幸福な終末について述べ、悪人が永遠の罰に定められているように、善人は永遠の至福の享受でもって報われることになると言う（同 XXII, 3）。人間の身体も魂と同じく天の永遠の幸福に与るであろう。異教世界の学者と賢人のある者は人間の身体が天上の生活に昇っていくとは信じることができなかった。しかしこのことは決して全能の神の力を超えたことではない、とアウグスティヌスは論じる（同 XXII, 4—5）。純粋に霊的な存在が天から降りてきて、地上の身体と親しく結びついて住まうようになることは信じられないことではない。そうは言っても、それは厳密にはそれぞれの人間の魂と身体とが結合するときに起こることである。人間の身体の復活も歴史的な前例がないわけではない。それは信仰の問題と同じく歴史的明証性の問題である。キリストの地上の身体が天に昇っていったことは知識のある者もない者も共に信じられ得る問題である。このことは全世界のいたるところで説教され、かつ、信じられている。それは多くの証人たちによって証言されている。また、それは無数の殉教者の血とキリストの神性を証明した無数の奇跡によって確証される（同 XXII, 5—7）。

これらの奇跡はキリストの地上の生涯でもって終わらなかった。アウグスティヌスは今でも彼の時代に起こった25の奇跡について彼自身が証言し、報告している（同 XXII, 8）。たとえばキリストの力によって、また聖徒たちの執り成しによって、盲人たちが見えるようになった。癒しがたい痛みと病気が夜の間に消えた。中風の者と奇形な人たちが健全になった。悪霊でさえ憑き纏った人たちから投げ出された。また死人が甦った。これらの素晴らしい出来事がミラノとカルタゴで起こったが、多くがアウグスティヌスの教区の近くでも起こったようである。これらの奇跡の実現にアウグスティヌス自身が関与した役割は記されていないが、同時代の多くの人々は彼を真に聖なる人であると見なした。少なくとも彼がある司教に言及している一つの事実があって、その人の祈りが若者から悪霊を排斥する効果があった。その場合、アウグスティヌスが謙虚になって彼自身をその司教と呼ぶことを控えることは全くありうることである（同 XXII, 8）。これらの奇跡のすべてはキリストの身体の復活と昇天を教える、信仰の可信性と真実性とを証言する、とアウグスティヌスは論じる（同 XXII, 9）。

続く章節は復活後の栄光を受けた身体の状態についてのさまざまな見解を扱う（同 XXII, 11–17）。誕生する前とか後に亡くなった子供の身体の昇天、また老人と不具者の昇天と関連する多くの問題があることをアウグスティヌスは認める。ある人たちは女性が男性の性となって昇天すると考える。救われた者は、その死が起こったときの身体ではなく、すべて最初に受けていた身体をもつであろうと言う。それが成熟した時期は約三〇歳であって、この時期にはキリストは活力に満たされていた（同 XXII, 15, 17）。女性の性は最終的な復活後に変えられると彼は考えていない。

しかしながら「キリストの身体が完全な成人男性に、キリストの完全性が成熟した規準にまで形成される」（エフェソ4・13―14）というパウロの叙述にはいっそう高い意味がある。アウグスティヌスはカトリック教会がキリストの神秘的な身体であるという教えをとてもよく知っていた。この教えは詩編の説教で次のように説かれた。

わたしの兄弟たちよ、身体の各部分でいかに各々がそれ自身の機能をもっているかを見なさい。……すべての構成員が身体の統一において協働するとき、すべてはこのように働いています。……耳は見ることを試みたとしてもそのことを欲しないでしょう。そうするように人が賜物を受けていないことを行うことはできません。わたしがペトロのしたように死人を生命に甦らせる奇跡を実行できなくとも、それは耳が見えないのと同じである。「しかしペトロはこれらのことをわたしのためにもしてくださいました。なぜならわたしはペトロが行ったと同じ身体のなかにあるからです。わたしは彼と離れていませんから、彼ができたことを行うことができます。わたしが少ししかできないと、彼はわたしと一緒に苦しみます。わたしがもっとなすことができると、わたしは彼と一緒に喜びます。（『詩編講解』130, 6）

先の『神の国』第21巻ではキリストの身体《からだ》は「肢体であるキリスト教との組織」を意味し、それは神聖なる聖餐のサクラメントの実に与ることによって成立すると説かれていた（『神の国』XXI, 25)。今やこの最終巻においてアウグスティヌスは、神の国に属する人たちの喜ばしい定めがキリストの身体の完全性を真実に分有するすべての人々に事実属していることを、明らかにする（同 XXII, 18)。

次いで彼は罪を犯した人類に多くの悲惨が起こっている事実を詳細に語ってから(同 XXII, 22–23)、創造者にして保持者である神の憐れみがいかに大きいかを説き明かす。たとえば人間の魂について次のように語る。

神は、人間の魂に精神を与えられた。精神を座とする理性と知性とは、……真理を認識し善を愛する能力を持つようになる。精神はその能力によって知恵を吸収し、徳をそなえ、思慮と勇気と節度と正義とに従って生き、誤謬その他の生まれながらに持つ悪徳と戦い、ただ神の至高にして不変なる善のみを希求することによってのみ、それに打ち勝つのである。たとえこれに失敗することがあったとしても、このような善を受け入れる力は神によって理性的存在者のうちにおかれたのである。その善のいかほど大きいか、全能者のわざのいかほど驚くべきかを、ふさわしく語りまた熟慮する者がだれかいるであろうか（同 XXII, 24）。

さらに人間の霊について「魂的な身体でまかれ、霊的な身体に甦る」との言葉が成就するとき、身体においてもまた霊的となるであろう」（同 XXII, 21）と言われる。そのためには本章第1章（4）で言及したように人間は霊的に誕生しなければならない。「使徒は、人間が敬虔と義に従ってかたち造られる霊的誕生（institutio spiritualis）を、このような肉的誕生になぞらえて述べている。〈たいせつなのは植える者でもなく、水を注ぐ者でもなくて、成長を与える神である〉（Ⅰコリント3・7）と」（同 XXII, 22）。彼はこの観点にもとづいて七つの発展段階を述べている。

こうして神は、人間の魂（anima）に精神（mens）を与えられた。精神を座とする理性と知性（ratio, intelligentia）とは、子どもにあってはまだ眠ったままで、いわばないに等しいのであるが、年齢が進んでくると目ざめ、大きくなって知識と教えとを受け取ることができるようになり、真理の認識（perceptio veritatis）と善への愛（amoris boni）をもつようになる。精神はその能力によって知恵（sapientia）を吸収し、諸徳（virtutes）をそなえ、……ただ神の至高にして不変なる善のみを希求すること (desiderio boni summi atque inmutabilis) によってのみ、悪徳に打ち克つのである (同 XXII, 24, 3)

しかし彼が強調したのは、真理の認識と善への愛に向かって段階的に昇ることが知恵と諸徳を身に付けて神の至高にして不変なる善を強く欲求することに求めた点である。これを可能にしてくれるのが「霊的な誕生」である。そのときの霊の状態を彼は次のように語っている。

もはやどんな悪にも染まらず、これに支配されず、これに屈することなく、戦いがほまれとなる相手も失せて、まったき平和に達した徳のうちに完成するとき、人間の霊はいかばかりのものとなろうか。神の知恵が最高の至福を伴ってその源から汲まれるとき誤謬もなく労苦も伴わない万有の知識は、いかほど大きく、いかほどうるわしく、いかほど確かなことであろうか。身体 (corpus) があらゆる点で霊 (spiritus) に従い、これに十分養われて他の栄養を少しも必要としないとき、その身体はいかほどすぐれているであろうか。それは肉の実体をもちながらも肉的な壊敗はまったくなく、魂的ではなくて霊的になるであろう (non animale, sed spiritale erit. 同 XXII, 24, 5)。

こうして人はこの世のすべての美しいものを楽しむことができ、素晴らしい芸術と科学の偉業の美を楽しむことができる。また人は神に恩恵によって霊的生活と成長に値し、やがて永遠の生活の祝福を享受するようになる。ポリフュリオスは魂が真に幸福となるためにはその身体を去らねばならないと考えた点で間違っていた（同 XXII・26―28）。プラトンは「エルの神話」によって身体がその将来の生活において魂に伴われている姿を描いたとき真理にいっそう近づいていた（プラトン『国家』X, 614―621）。

しかしながら異教の哲学者は至福な直視《ヴィジョン》の観念にまで昇ったことがない。この至福な直視《ヴィジョン》こそ天上における聖徒の生活の本質的な特徴としてアウグスティヌスが描くものである。それは「顔と顔とを合わせて」成立する神の直視であって、魂の最高の部分の行為である精神的な直観を含意する。しかし彼は聖徒たちの身体の眼が強化されて天上の事物を見ることができることがありうると考える（『神の国』XXII, 29）。天における聖徒たちの祝福された国においてはさまざまな段階があるであろう。彼らは神の讃美においては皆幸福であるが、すべてが等しいのではない。再びアウグスティヌスは身体の諸部分が等しくないこと、および部分が全身体の平安を共通に分有している事例を用いる。こうして彼は天上における祝福された者の不等性が妬みの源にならないでより大きな幸福の源泉となる、と説明する（同 XXII, 30）。たとえば自由意志についてはこう言われる。「むしろ、意志は罪を犯す喜びから解放されて、罪を犯さないことの喜びへと強く向かう時のほうが、いっそう自由である。というのも、人間が最初に正しく造られた時に与えられていた最初の意志の自由は、罪を犯さないことのできる能力であったが、しかしそれは罪を犯すこともできたのである。だが最後に与えられるそれは、罪を犯すことができないという点で、遥かに力あるものである。これもまた神の賜物によるのであって、人間本性の可能性によるのではない」（同 XXII, 30）。ここには彼の人間学の全体像が見事に表現されている。自己についての知的な記憶も欠けていないであろう。そのような能力は、感覚記憶が失われても、存続するであろう。

これが大作『神の国』の末尾に残された高揚した調べである。人間の歩みは全人類的な視野から考察される。こうして不安な魂は安息に導かれ、回心から死にいたるまで探求し、憧れ続けた天上の平和にやがては到達するようになる。

（3）霊的な身体の理解

晩年のアウグスティヌスは人間が霊的に誕生しなければならないことを強調した。『神の国』の最終巻ではこれを「**霊的な誕生**」として前に語っていた。このような魂の新生こそキリスト教人間学の核心をなすものであって、人間の自然本性の改造をもたらす。こうして真理の認識 (perceptio veritatis) と善への愛 (amoris boni) をもつようになる。また精神はその能力によって知恵 (sapientia) を吸収し、諸徳 (virtutes) をそなえ、遂に神の至高にして不変なる善のみを希求して悪徳に打ち克つようになる (同 24, 3)。

その際、キリスト教の復活の教義がアウグスティヌスの身体論に与えた影響は実に大きかった。魂の不滅というギリシァ思想は死者の復活と全く両立しがたいものである。復活には霊的な復活、つまり魂が神の生命によって新生する経験と身体の復活との二つの意味が含まれている。魂が霊的に新しい生命に甦る経験は復活の実質的内容であり、これがキリスト者によって力強く説かれていることに異論があるはずはない。だが復活でもっとも問題となるのは身体の復活であり、しかも、聖書の説く「霊のからだ」をいかに理解するかが身体論にとり重要な意味をもっている。アウグスティヌスにとって身体の復活の主張は後期の神学の「中心的な急務」(ブラウン) となった。

初期アウグスティヌスが説いた魂の不滅信仰を支えているものは、プラトン主義的論証による理論的確信の背景に存在しているものであるが、神の直観が現世においても可能であるとの願望と、復活には身体性が関与していないという確信であったといえよう。しかし、これらの可能性や確信はやがて揺らいでくる。つまり神の観照が瞬間的であり持続し得ないという『告白録』に見られる経験、および司教として牧会にたずさわり大衆の生活と通俗的カトリックの信仰とに触れたことなどによって現世の主たる営みは信仰の生活であり、観照の方は将来へと移されるようになった。こうしてギリシア的魂の不滅信仰からキリスト教的死者の復活信仰への転換が暗々裡のうちに進行していたと思われる。

アウグスティヌスが身体の復活について論じる場合、キリストの復活体が常に模範となっており、これが人間の復活を保証している。キリストの復活体は霊的なからだであるが、人祖アダムは魂的からだ（corpus animale）に造られた。だから復活においてはアダムの始原のからだに戻るのではなく、「よりよい状態に」（in melius）つまり霊のからだに変わるのである（『創世記逐語注解』VI, 20, 31）。魂的からだというのは人間の魂によって生かされ、支配されている身体を言い、霊的からだとは人間のうちに分裂と対立がなく、霊により導かれ、浸透されていて、肉と霊の調和が実現している状態をいう。『エンキリディオン』には「魂的からだ」と「霊的からだ」の関連が次のように説かれている。

だが実体に関する限り、かの時にも、それは肉であろう。この理由により復活の後でも、キリストの身体は肉と呼ばれた。(ルカ24・39)。だから使徒は「魂的からだとして蒔かれ、霊的からだとして復活するであろう」(Iコリント15・44)と言っている。その時には肉と霊とは完全に調和して、生かす霊は何らの支えも必要としないで肉を服従させるので、わたしたち自身の内部で矛盾相克するものは全くなく、外からわたしたちを攻撃するものがないように、内からわたしたちを攻撃するものもないであろう(『エンキリディオン』23, 91)。

身体が霊により完全に支配された状態が霊的身体であるとすると、それはいかにして可能であろうか。そこには人間の霊そのものを清める聖化がなければならない。聖化は人間の倫理的力によるのではなく、神のわざであると信じるところに宗教的人間観が成立する。神のわざは受肉と聖霊の注ぎに示されている。こうして霊のからだは神の恩恵によって人々に授与される復活体として語られた。

肉が霊により支配されることによって肉、つまり身体の強い肯定に導かれるようになり、アウグスティヌスの身体論は完成する。終わりに受肉と聖霊の注ぎによって身体がいかに把捉《はそく》されているかを述べた一文を引用しよう。

知識に愛を加えるように肉に霊（spiritus）を加えなさい。そうすれば肉は大いに役立つであろう。なぜなら、もし肉がなんの役にも立たないとすれば、言葉は肉となってわたしたちのあいだに宿らなかったであろうから。もし肉によって（per carnem）キリストがわたしたちに大いに役立ったとすれば、どうして肉はなんの役にも立たないことがあろうか。しかし聖霊がわたしたちの救いのために働くのは肉を通してなのである。肉は器であった。肉が何であったかではなく、肉が何をもっていたかを考えてみなさい……。肉の声によらないとすれば、言葉の音声はいかにしてわたしたちに達するであろうか。〔聖書記者の〕筆はいかにして、文書の作成はいかになされるのか。それらはすべて肉の作業である。しかし霊が働くときには肉はあたかも聖霊自身の器官のごとく働くのである（『ヨハネ福音書講解』XXVII, 5.）。

その様子が『神の国』の最終巻では次のように語られる。

しかし神がすべてにおいてすべてとなるとき、かの賜物の全量はいかばかり大きいことであろうか。もちろん、肉の目は自らの働きをもってそこにおかれ、霊はそれを霊的身体を通して用いる。あの預言者〔エリシャ〕は、そこにいないしもべを見るための肉の目を必要としなかったが、そのことは、現にあるものを見るのに肉の目を用いないということではない。とはいえ彼が目を閉じても霊によって見ることができるのは、ちょうど自らそこに居合わせていない時にも、その現にないものを見たのと同様である。それゆえ聖徒たちがあの世においてを閉じた時には神を見ないだろうと言ってはならない。むしろ彼らは霊においてつねに神を見つづけているのである（『神の国』XXII, 29, 2）。

このような霊的な身体の目は神が見るのと等しいであろう。つまり「神はこのような目でもって見られるであろう。その目はあのすぐれた状態のなかにあって、非形態的な諸物を見分ける精神にも似た能力を持っている。……神は、わたしたちが各人によって、各人相互に、またその人自身のもとで霊的に見られるような仕方で、わたしたちに知られ、かつ見られるであろう。神は新天新地において、そのとき成るであろうすべての被造物のうちに見られるであろう。また神は、霊的な身体のまなざしがどこに向かう時でも、身体によって、あらゆる身体のうちに見られるであろう」（同 XXIX, 29, 6）。

第9章　『説教集』の霊性

（1）『説教集』159の霊的感覚

アウグスティヌスは『説教集』159で次のように語っている。

神は目に見えないものに似ています。そして、目に見えないものとは、わたしたちにおいてはより善いものです。信仰は肉に比べてより善いもの、信仰は金に比べてより善いもの、信仰は銀、財産、土地、家族、富裕に比べてより善いものです。これらすべては目に見えるものですが、信仰は目に見えません。では、神は何により似ていると思いますか。目に見えるものですか、それとも目に見えないものですか。……あなたは肉の目を軽蔑して心の目を向けたのです。あなたは肉の目が何をあなたに伝えたのかを尋ねました。〔肉の目は〕こちらは美しく、あれは醜い〔と答えました〕。あなたは肉の目を遠ざけ、その証言を退けました。あなたは心の目を忠実な奴隷と忠実でない奴隷へと向けました。あなたは一方が体の不格好であること、もう一方が美しいことを発見しました。しかし、あなたは判断するだけでなく、こうも言ったのです。「忠実さより美しいものは何か。忠実でないことより不格好なものは何か」と。(『パウロの手紙・ヨハネの手紙説教』岡野昌雄、茂泉昭男、田内千里、上村直樹訳、「アウグスティヌス著作集26」、179頁)

ここにある「心の目」というのは「霊的な目」であって、通常の視覚とは異なる霊的な感覚を備えている。この感覚は「内的な感覚」として次のように語られる。

実際、もしあなたが内的な諸感覚をもっているのなら、あらゆる内的感覚は義の喜びによって喜びます。もしあなたが内なる目をもっているなら、義の光を見なさい。「命の泉はあなたにあり、あなたの光に、わたしたちは光を見る」(詩編36・10)。この光について詩編は「わたしの目に光を与えてください、死の眠りに就くことのないように」(同13・4)と言っています。また、もしあなたが内なる耳をもっているなら、義〔の言うこと〕を聞きなさい。このような耳を、「聞く耳のある者は聞きなさい」（ルカ8・8）と言われた方は探しておられました。もしあなたが内なる嗅覚をもっているなら、使徒の言うことを聞きなさい。「わたしたちは（あらゆる場所で）神に献げられるキリストの良い香りです」（IIコリント2・15）。もしあなたが内なる味覚をもっているなら、次のことを聞きなさい。「味わい、見よ、主の恵み深さを」（詩編34・9）。もしあなたが内なる触覚をもっているなら、花嫁が花婿について歌っていることを聞きなさい。「あの人の左の腕をわたしの頭の下に伸べ、右の腕でわたしを抱いてくだされればよいのに」（雅歌2・6）。（前掲訳書、180頁）

ここには「内なる感覚」が視覚・聴覚・嗅覚・味覚によって語られる。これは後述するオリゲネスの「霊的五感」に等しい。感性には重層構造があって、人間学的な感性・理性・霊性という三つの働きを区別しただけでは認識には役立たない。この三つの働きは実際には影響し合っており、そこには霊的な感覚が認められる。というのもそれらは多様な対象に応じて交互に影響しあっているからである。このことは一般的な言葉の使い方に注目すると明らかになる。たとえば「感性」（Sensibility, Sinnlichkeit）にはいくつかの意味が含まれている。

(1) もっとも一般的なのは「感覚」と等しい意味の層であって、外界の刺激に反応して感受する作用である。ここでは感覚的な知覚作用が考えられており、感覚的な印象の多様さをもたらし、知的な認識に素材を提供する。

(2) 次に感性は感覚に伴う感情や衝動といった情念的な要素を含んだ身体的な傾向を意味している。こういう感覚的な欲望に対して理性による秩序づけが問題となり、道徳の問題が提起されている。

(3) さらに考えられる意味は「感得」作用である。そこでは「感性」と「霊性」とが関連している。「感得」という言葉は感覚の作用が何者かに感応しながら起こってくるときに使われる。それは「感じて会得する」という理解作用であって、「真理を感得する」と言われるように、容易には捉えられない奥深い道理などを悟り知ることに使われる。

宗教的な真理認識にはこの直観的な感得作用が重要な役割を演じている。たとえば宗教的な建築物を見て「崇高さ」・「尊厳」・「荘厳」といった情緒的な感情を抱く場合にはこうした感得作用が常に伴われている（ボルノウ『気分の本質』藤縄千草訳、筑摩書房、34―36頁参照）。同じく「預覚」(Divination) の働きも感得的な感覚であるが、先見者の行う占いにはこうした感得作用が認められる。たとえば手相を見たり、鳥を焼いたりして運命が感得される。預覚についてはキケロの古典的作品『ト占術』(De divinatione) が有名で、それは本来は神との交流を意味していたが、迷信的な占いともなった。しかし預言や予感の意味が重要視される。(Cicero, De divinatione, in: Cicero XX Loeb Classical Library, 1979, p. 214-22〔Introduction〕)。

このような感覚の機能を最初に指摘したのはオリゲネスである。彼の霊性思想はとりわけ『雅歌注解』のなかで神のロゴスと魂との婚姻について説き明かされる。その際、霊性の運動は御言葉の観想によって示されるが、キリストの受肉に呼応して魂が神へ向かって上昇し、神の直視に至る過程を通して説かれた。まず、注意を惹くのは見えないものに対する純粋な霊的な「憧憬」であり、それは内なる人の「霊的な愛」から生まれる。この内なる人は外なる人が五官をもっているように五つの「霊的感覚」をもつと言われる。カール・ラーナーは、霊的五感の説がオリゲネスに始まることを論じ、霊的五感の説に対する聖書的根拠を、箴言2章5節の「あなたは……神を知ること（感覚すること）に到達する」、およびヘブライ人への手紙5章14節の「善悪を見分ける感覚を経験によって訓練された、一人前の大人」に言及した箇所に見出し、この善悪の識別が身体的感覚によっては不可能であると言う（ラウス『キリスト教神秘思想の源流』水落健治訳、教文館、122頁参照）。

この霊的感覚を覚醒するために魂の眼に光をもたらすのは御言葉であって、恩恵によって霊的感覚のなかに御言葉が注ぎこまれると、魂は覚醒され、それに応じて身体的な感覚のほうは弱まる。この霊的感覚は本来精神（ヌース）に属し、その堕落形態である魂（プシュケー）には属さない。この霊的感覚は、「神学を霊的な生活の最高段階として捉えるという教説を心理学的に表現したもの」（ラーナー）と言われるように、人間に善悪の識別能力を授けるばかりか、ある種の微妙な霊的感受性（「第六感」ないし「内的感覚」）を意味する。それは霊的な感応作用であって、次のような視覚・嗅覚・触覚として述べられる。

事実、キリストは真の光と呼ばれます。魂の目が、照らされる光を必要としているからです。キリストは御言葉とも呼ばれます。耳が聞くべき言葉を必要としているからです。またキリストは生命のパンとも呼ばれます。魂の味覚が味わうパンを必要としているからです。ですから同じ様に、ここでキリストは香油とかナルドと呼ばれています。魂の嗅覚がロゴスの芳しい香りを必要としているからです。またこのためでしょう、キリストを触れ得る、手でさわることができるとかロゴスは肉体となったと述べられています。内なる魂の手が生命のロゴスに触れることができるためです。

（オリゲネス『雅歌注解』第2巻、9、小高毅訳、創文社、167頁以下）

このようにオリゲネスは魂の上昇過程を最高段階にまで導いたが、その場合、愛と並んで神の憐れみが強調された。それは魂が自分の力ではそこに到達できなかったからである。このような彼の思想がアウグスティヌスのこの説教159に反映している事実は注目に値する。

(2)『詩編注解』の霊性思想

アウグスティヌスの大作『詩編注解』(Enarrationes in Psalmos) は大部分は説教から成っており、そのときどきの思想を反映させる仕方で**霊性思想**が展開する。この詩編41編の注解説教においては初期の思想内容にもとづいた知性的な観照をめざしながらも、信仰によって生きる霊性思想が展開する。彼はヒッポで391年に司祭となり、4年ほど後に司教となった。この詩編注解説教では教会における祝祭の賛歌が重要視されており、キリストのからだなる教会が花婿なるキリストとの一致を求める神秘的な霊性が説き明かされる。

(1) 詩編41(42)注解における「霊感」

冒頭においてアウグスティヌスは神の言葉を聞いて、その真理と聖愛によって「踊り上がって喜ぶように」と告げる。というのも、この詩編がわたしたちの熱望していることにふさわしいものであるからと言う。それゆえ、ここには欣喜雀躍する霊性の歌が表現されていると言えよう。まず、この詩編は「涸れた谷に鹿が水を求めるように　神よ、わたしの魂はあなたを求める」(42・2) と歌う。この言葉は信仰者各自の言葉であると共に教会の言葉でもある。

それは一人の人ではなくて一つのからだである。しかも、それはキリストのからだなる教会である (コロサイ1・24)。だが教会に入るすべての者のうちにそのような熱望が見出されるわけではない。しかしながら主の甘美を味わった者は誰であれ、そしてその者たちに味わわれるものを歌において知っている者は誰であれ、ただ自分たちだけであると考えてはならない。そうではなくて、そのような種子が主の耕地に、全地球に蒔かれたと信じなさい。そして〈鹿が水の流れる泉を慕い喘ぐように、神よ、わたしの魂はあなたに向かって慕い喘ぐ〉というこの声はある種のキリスト教的一致の声であることを信じるがよい (『詩編注解』(2) 堺正憲訳、312–313頁)。

この声は洗礼志願者のものであるが、一般に日常的にも歌われ、教会の中で絶えず唱えられている。この詩編にある熱望は教会とキリストとの間に交わされる言葉、したがって花嫁が花婿に向かって発する言葉となっている。実に教会はキリストのからだとしてあり、キリスト自身はからだを構成するかしらなのである。なかでも洗礼志願者は罪の赦しを求めていっそう激しい熱意に燃え上がっている。それは「カルヴァリア〔ゴルゴタの丘〕の息子たち」である「コラの子たち」として比喩的に解釈される。

それゆえ花婿の子ら、あの方の受難の子ら、あの方の血によって贖われた子ら、あの方の十字架の子ら、敵がカルヴァリアの場所で刺し貫いたものを面前で運ぶ者たちが、コラの子たちと呼ばれるのである。この詩編は彼らのために、知性認識のために歌われる。それゆえ、わたしたちは知性によって喚起されるようにしよう。そして、もしそれがわたしたちのために歌われるならば、わたしたちは理解すべきであろう。わたしたちは何を理解すべきであろうか。いかなる知性認識のためにこの詩編は歌われるのか。わたしは敢えて言う。実際、神の見えない性質は世界の創造以来、造られたものを通して、知られたものとして認められるのである（ローマ1・20「世界が造られたときから、目に見えない神の性質、つまり神の永遠の力と神性は被造物に現れており、これを通して神を知ることができます。従って、彼らには弁解の余地がありません。」）。さあ、兄弟たち、愛そうではないか。それゆえわたしの熱望を捕まえるがよい、この熱望をわたしと共有するがよい。わたしたちは一緒にこの渇望において燃え上がろうではないか、一緒に理解することの泉へと走ろうではないか。わたしたちは、洗礼を受けるべき者たちが罪の赦しのために熱望するところのかの泉を除外して、鹿のように泉を熱望しよう、そしてすでに洗礼を受けたわたしたちは、それについて別の聖書が「命の泉はあなたの許にあるからだ」(詩編36・10)と述べるかの泉を熱望しよう。実際、この泉は光でもある。「わたしたちはあなたの光において光を見るであろう」(同)から。もしそれが泉でもあり、光でもあるならば、正当に、それは知性でもある。なぜなら、それは知ることを熱望する魂を満足させもするからである。すなわち、理解するすべての者は、物体的ではなく、肉的ではなく、外的ではなくて、内的なある種の光によって照らされるのである(前掲訳書、314頁)。

ここでは生命の泉が「内なる光」として捉えられ、新プラトン主義の神秘思想の影響が濃厚に認められる。彼は感覚的光に目を閉ざしさえすれば、叡智的な光が顕現するとの期待によって誘われたことも確かであろう。キリスト教徒になってアウグスティヌスはプラトン主義があまりに安易な精神主義である空しさを認めるに至る。そこで彼は地上における神の探究では神の不完全な認識しかえられないことを自覚する。むしろ教会の中にあって神の賛歌を聴くことの方が重要であることに気づくのである。

精神は不変的な真理や完全無欠な実体を探し求めるが、精神自体はそのようなものではなく、可変的である。そこで精神は自分の存在を超えたところに神を求め、それに触れようと願う。「わたしの神がわたしを超えた何ものかであることを感知し、それゆえ神に触れるために、〈わたしはこれらのことを思いめぐらし、そしてわたしの魂をわたしの上へ注ぎ出し〉(42・5)。わたしの魂が、わたしの魂の上方に尋ね求められるものに触れるのは、わたしの魂が自分自身の上の方に注ぎ出される場合のほかにはない」。そこで「わたしはわたしの魂をわたしの上方へ注ぎ出した。そこにはわたしの神以外に、わたしが触れるべきものは残っていない。というのも、わたしの神の家がそこに、わたしの魂の上方にあるからである。神はそこに住み、そこからわたしを眺め、そこからわたしを創造し、そこからわたしの舵取をし、そこからわたしに助言し、そこからわたしを駆り立て、そこからわたしを呼び、そこからわたしを方向づけ、そこからわたしを導き、そこからわたしを案内したもう」(前掲訳書、322頁)。

この神は地上においても幕屋をもっており、それはキリストの身体なる教会である。アウグスティヌスは言う、「地上における神の幕屋は教会である」と。こうして彼は新プラトン主義から意識的に訣別する。実際、魂の上に神の住居があって、「神はそこに住み、そこから私を眺め、そこから私を造り、そこから私を支配し、そこから私の必要を満たし、そこから私を励まし、そこから私を呼び、そこから私を導き、そこから私を案内し、そこから私を港に到達させる」（前掲訳書、同上）。そこでは永遠の祝祭が営まれ、天使たちが合唱し、完全無欠な喜びである神が現臨する（前掲訳書、324頁）。その声が心に響き渡ると、心は欣喜雀躍する。これこそ霊性の受容する働きによって生じる事態である。だが、この幕屋がどれほどすばらしいものであろうと、そこからさらに進んで神の住居に着くや否や人は茫然自失してしまう。

そして遂に人は神の住居まで到達する。実際、神自身がこの旅とこの神秘的な導きを与えたのである。一見するとわたしたちは神に向かって地上の幕屋のように感嘆していたのに、どのようにして神の住居の内奥にまで達したのですかと尋ねたかのように語られる。アウグスティヌスはその様を「聖歌と喜びと讃美のただ中で、祝祭の喜びを祝う合奏のただ中で」神の住まいに到達したと言うが、そこに至るためには謙虚でなくてはならず、それは「神の求めるいけにえは打ち砕かれた霊」（詩編51・19）と述べられているものである（同334頁）。この霊こそキリスト教が説く霊性の根底にあって、そこに向かって神の生命の泉から永遠の生命が注がれるのである。ここには教会における生命の経験、恩恵の勝利に参与する経験があって、永遠の生命の予感が心に目覚めている。これがキリスト教的な霊性の姿なのである。

(2) 詩編91の注解における「霊の潮流」

この詩編注解ではイエスが「わたしを信じる者は、聖書に書いてあるとおり、その人の内から生きた水が川となって流れ出るようになる」(ヨハネ7・38)と語ったように、その聖なる霊を送って、弟子たちを満たすことが起こっている。この霊こそ力ある潮《うしお》であって、そこから他の多くの川が流れ出す。したがって聖霊を受けたとき、弟子たちの腹から潮の流れがわき起こり、彼らは潮となったと語られた(『詩編注解』金子晴勇訳「著作集19、II・92・3—4)。

福音書記者は直ぐに続ける。「イエスは、御自分を信じる人々が受けようとしている〝霊〟についで言われたのである。イエスはまだ栄光を受けておられなかったので、〝霊〟がまだ降っていなかったからである」(ヨハネ7・39)と。イエスが復活と昇天によって栄光を受けられたとき、その期間の神秘的な意義のゆえに10日間が過ぎるのをお許しになった後、彼はその聖なる霊を送って、弟子たちを満たした。霊自身は力ある潮であって、そこから他の多くの川が満たされる。この流れについて詩編は他のところで「川の流れの勢いは神の国を喜ばす」（詩編46・5）と言う。したがって聖霊を受けたとき、弟子たちの腹から潮の流れが造られたのは確かである。聖霊を受けることによって彼らは潮となったのである。

どんな理由で「潮は大声をあげる」のか。どんな方法で声をあげるのか。というのも初めは潮は恐れたからである。ペトロは女中の質問に三度「そんな人は知らない」（マルコ14・72）と言って否定したとき、まだ潮ではなかった。彼は恐れていたので嘘をついた。彼はまだその声をあげていない。彼はまだ潮ではない。しかし使徒たちは聖霊に満たされたとき、ユダヤ人たちは彼らに近づいてきて、イエスの名によって教えてはならないと命じた。だがペトロとヨハネは彼らに次のように語った。「神に従わないであなたがたに従うことが、神の前に正しいかどうか、考えてください。わたしたちは、見たことや聞いたことを話さないではいられないのです」（使徒4・19−20）と。このように「潮は大声をあげる。多くの水の声でもって」と言われる。それはユダヤ人の集会から追放されたとき、弟子たちは自分たちの仲間の所に帰り、祭司や長老たちがどんな風に語ったかを知らせたときにも起こった。他の弟子たちはそれを聞くと、彼らは主に向かって一斉に声をあげて、「主よ、あなたは天と地と海と、そして、そこにあるすべてのものを造られた方です」（同4・24）等々と言った。これが起こったのは、潮がその声をあげて語るように力づけたからである。

「海の白波はすばらしい」。というのもあの弟子たちがその声をあげると、多くの人たちが信じたからである。また多くの人たちは聖霊を受けた。すると、少数の潮から流れ出した多くの潮から叫び声が起こりはじめた。このことが詩編で「大水のとどろく声よりも海の白波はすばらしい」と続く事態である。海はこの世界を意味する。キリストがこんなにも力強い声でもって説教しはじめると、海は波となって恐ろしく押し寄せてくる。諸々の迫害が頻繁に起こりはじめたのである。この迫害が起こってくると、「潮は大声をあげ」、それから「大水のとどろく声よりも海の白波はすばらしく」なってくる。海の白波は高まってくるものである。なぜなら海が怒り出すと、波はもち上げられてくるからである。波が欲するだけもち上げられると、海は欲するだけ、どよめくのである。確かに「海の白波はすばらしい」。つまり〔波の〕威圧はすばらしく、〔海の〕迫害は驚くべきものである。しかし、それに続くものを見よ、「高くいます主はすばらしい」。それゆえ海は自分を抑制するようになってもらいたい。そして遂に静まるときには、キリスト教との平和が授けられるであろう。海は荒れ狂っていたし、小舟は動揺していた。小舟は教会であり、海は現世である。主は来たって（来られて）、海の上を歩まれ、海を鎮められる（マタイ14・24以下）。どのように主は海の上を歩かれ、かつ、鎮められたのか。主は強力で泡立つ〔手に負えない〕

波の山頂〔波頭〕を歩まれた。というのも力強い民らは信じたし、王たちをも信じてキリストに服従したから。それゆえ、わたしたちは戦慄してはならない。なぜなら「海の白波はすばらしい」、だが「高くいます主は〔もっと〕すばらしい」からである。

(3) 詩編95の注解――神人関係の逆対応

この詩編には「捕囚後に家は建てられたとき」という表題が記されており、捕囚後に建てられた新しい建築のために使われる石は集められるが、愛の更新がこのことを実現した。使徒が「愛をもって互いに忍耐し、平和の絆に結ばれて、霊による一致を保つように努めなさい」（エフェソ4・2―3）と言うとき、彼は新しい歌を歌っており、わたしたちをこのような組織体に向けて組み立て、そのような統一に向けてわたしたちを固く結びつけ、全体に適合させる。これが主の家の建設である（95・1）。建設に携わる者は主の栄光を諸国民に良く伝えるべきであって、あなたがたの栄光を告知するならば、あなたがたは倒れるであろう。だが、彼の栄光を告知するなら、あなたがたが建てるときでも、強化されるであろう。主の教会は普遍的であって、ドナティストの分離派の教会とは異なる（94・2―3）。主の偉大さは神々に優るものであって、ダイモニオンの捕囚からわたしたちを贖ってくださる（95・4）。また聖霊は楽器の偉大な演奏者であるけれども、人間の霊の狭さを通して音節を響かせる〔音楽を奏でる〕。それでも聖霊はわたしたちに諸々の思念を創り出すのである。続いて天体を造った主の栄光が語られる（95・5）。次いでこの詩編の「告白と美しさ」について語り、自分の罪の告白が先ずあって、この告白によって罪人は美しくなると言う。アウグスティヌスはこのことをキリストと魂の関係から捉え、花婿のキリストが醜い花嫁を愛して、美しくするとみなし、神人関係を逆対応の関係として説く。それは彼が「わたしが来たのは、正しい人を招くためではなく、罪人を招くためである」（マタイ9・13）と語っている通りである（95・6）。このようにして異邦人も清く謙虚な捧げ物を主の家にもってくる（95・7―8）。さらに詩編は言う、「国々に伝えて言え、主こそ王、彼は〔十字架の〕木によって治めておられる」と（前掲訳書、576頁）。

(4) 詩編119の霊性思想

この詩編の表題は、「階《きざはし》の歌」（canticum graduum）である。詩編120から134編（詩編119―133）まで、ヴルガタ聖書では「階の歌」との表題を与えていた。日本語聖書では「都に上る歌」と訳される。これはエルサレムの神殿の階段を指しており、これらの歌を唱えながら巡礼者たちが階段を上がっていった。それにことよせてアウグスティヌスは心の上昇する歩みを捉えたので、神への対向性としての霊性の超越機能が鋭かれるようになった。

この詩編のなかで言われているのは上昇の階《きざはし》を意味する。だから、わたしたちはこれから〔この階を〕上昇していくものとして理解しなければならない。この上昇とは身体の足を使って昇っていくものではない。それは他の詩編の中で、「神は彼の心に上昇（階）を置いた。嘆きの谷に、その定めた場所に」（詩編84・7―8）と言われているとおりである。この上昇は「どこで」であろうか。「心において」である。「どこから」であろうか。「嘆きの谷」である。「どこへ」上昇するのかについては、人間の言葉では説明することも考えることさえも及ばない。それは「目が見もせず、耳が聞きもせず、人の心に思い浮かびもしなかったこと」（Ⅰコリント2・9）である。しかし、〔その上昇が行われる〕場所はどこであろうか。「嘆きの谷」においてである。「谷」は低いものを意味する。「山」は高いものを意味する。わたしたちが昇って行かねばならない山とは、何か霊的な高みである。そして、わたしたちが昇って行くこの山とは、主イエス・キリスト以外の何であろうか。キリスト自身が苦しみを受けることによって、嘆きの谷となった。そして、それと同時に自らそこに留まることによって、上昇の山ともなった。嘆きの谷とは何か。「言《ことば》は肉となって、わたしたちの間に住まわれた」（ヨハネ1・14）。嘆きの谷とは何か。「打つものに顔を向けて、十分に懲らしめを味わった」（哀歌3・30）。キリストは打たれ、唾をかけられ、茨の冠をかぶせられて十字架につけられた。これが嘆きの谷である。ここからあなたは昇って行かなければならない。

しかし、どこへ昇って行かなければならないのか。「初めに言《ことば》があった。言は神と共にあった。言は神であった」（ヨハネ1・1）。この「言」が「肉となって、わたしたちの間に宿られた」（同1・14）のである。このように、キリストは自分自身の内に留まりながら、あなたへと降った。キリストはあなたへと降ったが、それは、あなたのために嘆きの谷となるためだった。自分自身の内に留まったのは、あなたのために上昇の山となるためだった。イザヤは言っている。「終わりの日に主の神殿の山は、山々の頭として堅く立ち」（イザヤ書2・2）と。キリストの手本からキリストの神性へと昇って行かなければならない。なぜなら、キリストはあなたのために自らを低くすることによって手本となったから。

上昇する者とは誰か。それは霊的なものの知解へと前進する者である。下降する者とは誰か。それは人間に可能な限り霊的なものの知解を享受していながら、あえて幼子のところへと降り、彼らにもわかるようなことを語って、彼らを乳で養いながら成長し霊的な食物を食べられるようにする者のことである。事実、彼は聖霊について語るとき、「その上に主の霊がとどまる。知恵と識別の霊、思慮と勇気の霊、主を知り、畏れ敬う霊」（イザヤ書11・2）という。イザヤは知恵から始めて畏れへと降っている。教えた人が知恵から降り初めて畏れまで降りるように。あなたは学ぶ者として、もし前進したいのなら、畏れから初めて知恵まで昇りなさい。実際、「主を畏れることは知恵の初め」（箴言1・7）と書かれている。

(5) 詩編120の霊性思想

またこれらの詩編には「七つの悔い改めの詩編」に数えられる129（130）編もあることから、人間は高慢によって悲しみと嘆きの谷底に転落したが、謙虚になって罪を悔い改めて再生することを期待し、信仰によって飛躍し、上昇する歩みをなし、そこから感謝と喜びを心が高らかに表明するとアウグスティヌスは考えた。

この飛翔し上昇する歩みは身体の足を使って昇っていくのではなく、他の詩編の中で、「神は彼の心に上昇する階を置いた。嘆きの谷に、その定めた場所に」（84・6―7）と言われているように登り道となっている。

しかし、確かに「山」とはキリストを指すが、地面が高くなっているものを考えてはならない。そうではなくキリストの手本に導かれてキリストの神性へと昇って行かなければならない。なぜなら、キリストはあなたのために自らを低くすることによって手本となったのだからである。主は、彼らを迷える者として考え、道へ呼び戻した。それは、彼らが望んでいたものを否定するためではなく、彼らがどうしたら望みに達することができるか、その道を示すためだったのである（前掲訳書、605頁）。使徒パウロも「わたしたちが正気でないとするなら、それは神のためである」（IIコリント5・13）と言ったとき、ある心の高みにいた。

そこで彼〔パウロ〕が脱魂状態となったのは、神のために正気でなくなったのである。……このように、使徒は霊的な人に語るときは高い所で語り、肉の人に語るためには降るのである。これはつまり、使徒は降った方〔キリスト〕について語るために、自分も同じように降ったのだということをあなたたちにわかってもらうためである」（前掲訳書、607頁）。

というのも神の子としてのキリストはあの高みにいたのであるが、人としてイエスとなったときには、「十字架につけられたイエス・キリスト」として嘆きの谷にいたからである。したがって上昇する者もいれば下降する者もいる（創世記28・12）。上昇する者とは誰か。それは霊的なものの知解へと前進する者である。下降する者とは誰か。それは人間に可能な限り霊的なものの知解を享受していながら、あえて幼子のところへと降り、彼らにもわかるようなことを希って、彼らを乳で養いながら成長し霊的な食物を食べられるようにする者のことである。イザヤもわたしたちのところへ降ってくる者の一人であった。なぜなら、彼がどのような階段を経て降ってくるかは明らかだからである。事実、彼は聖霊について語るとき、次のように言っている。「その上に主の霊がとどまる。知恵と識別の霊、思慮と勇気の霊、主を知り、畏れ敬う霊」（イザヤ書11・2）。イザヤは知恵から始めて畏れへと降っている。教えた人が知恵から降り始めて畏れまで降りるように。あなたは学ぶ者として、もし前進したいのなら、畏れから始めて知恵にまで昇りなさい。実際、「主を畏れることは知恵の初め」（箴言1・7）と書かれている。……どこで上昇するのか。心においてである。どこから上昇するのか。謙虚（低いこと）すなわち「嘆きの谷」（詩編84・7）からである。どこへ上昇するのか。語られえないゆえに「その定めた場所（泉とする）」（同）と言われる、言葉を越えた所である（前掲訳書、609頁）。

さらにこの詩編注解では「勇士の鋭利な矢」とか「焼き尽くす炭火」と言われるものによって悪業に汚染された心が清められなければならないと鋭く指摘される。地上的な思いが焼き尽くされる。つまり焼かれてなくなってしまうのである。彼のなかには、たくさんの悪い考えや肉的な思いや、多くの世俗的な愛が渦巻いていたが、そういうものが、それを焼き尽くす炭火によって根絶され、そこに炎によってきれいにされた場所ができ、神が、そのきれいな場所に家を建てるのである。というのも悪魔が滅ぼされた場所にキリストが建てられるからである（前掲書12・3）。

また「身体は場所的に遍歴するが、魂は心の状態において遍歴する」（前掲訳書、618頁）。それは「心の情態での上昇」する遍歴なので当然そうなる。「兄弟たち、これらの歌からわたしたちが教えられることは、上昇すること以外にはない。しかし、それは心における上昇であり、善い心の情態での上昇であり、信仰・希望・愛をもった上昇であり、絶えることのない永遠の命を希求しながらの上昇である」（前掲訳書、623頁）。これは**神に向かって造られた心である霊性の運動**を示す言葉である。この運動は「過ぎ越し」の祭りに比せられる歩みである。なぜなら「過越」というのは「通過」という意味であるから。「実際、主は受難を通して死から命へと通って行ったように、わたしたちも主の復活を信じ、死から命へと至ることができる道が示されている。キリスト教徒の信仰とはキリストの復活を信じることである。というのもキリストはわたしたちの罪のために引き渡され、わたしたちを義とするために復活したからである（ローマ4・25）（前掲訳書、629頁）。

このようにアウグスティヌスは詩編120と121の注解説教で民衆に向けて呼びかけ、勧告した。ここに彼の霊性思想が一般民衆向けにやさしくしかも懇切丁寧に語られているのを見ても、それを重要視していたことが判明する。そこにはキリストとの一体化が花嫁の比喩によって強調された。

ここからキリストとの一体化が力説される。アウグスティヌスは霊性をこのような上昇とみなし、その遍歴の後、キリストとの一体化にいたることを力説する。そこにはキリスト神秘主義の特質が詳しく表明される。

たとえば詩編119編の注解では「わたしの魂はたいへん長く遍歴した」(29,6)と言われる。この遍歴は身体の移動ではなく、心の霊的な歩みである。「体は場所的に遍歴するが、魂は心の情態(affectus)において遍歴する。もしあなたが地上を愛するなら、神から離れて遍歴することになるが、神を愛するなら神へと上昇することになる。わたしたちは〔神と隣人との〕愛へ戻るために、神と隣人の愛〔を実践すること〕でもって自分を鍛えよう。もしわたしたちが地に落ちるなら、わたしたちは衰え腐敗していくだろう。ところが、この人は落ちていたが、上昇できるようにするために〔キリストが〕降ったのである」(『詩編注解』119・8、林明弘訳、著作集20・I、618頁)。同じことが120編の注解では「上昇することは善い心の情態での上昇である」(120,3)と言われる。そこで働いているのは聖なる愛であって、「聖なる愛は魂を天上のものへ上げ、永遠的なものへと燃え上がらせ、過ぎ行くことも死ぬこともないものへと駆り立てる」(121,3)と言われる。

このように愛することは主と夫婦になるという栄誉を神から受ける。主の愛を享受できるのは、主を霊的に抱擁できる婚約者であって、この婚約者は相手から確実な手付金を得ている(122,5)。「キリストよりもすばらしい相手はいない」(同)。

さらに122編の注解では、この端女《はしため》は神から大いなる栄誉を受けている。というのもこの長い遍歴をしながら恋い焦がれながら愛している相手を、何の不安もなくその愛を享受できるようになるからである。彼女は「相手を愛してはいけない」とはいわれない。そう言われるのは、まだ正式な妻となってはいない婚約者に対してだけである。だが、そのように言われるのは当然である。「愛してはいけない、妻となったときに初めて愛しなさい」と言われるのは正しい。なぜなら、結婚するかどうかまだわからない相手を愛したいという欲望は軽率であり、順序が逆であり、不純だからである。というのは、婚約する相手と夫になる相手が別人になることもありうるからである。「だが、この女性は安心して愛してかまわない。そして結ばれる前から愛してもよい。それも遠くから、遠く離れて遍歴していても思いを寄せてよいのである。キリストだけが娶ることになるだろう。というのは、キリストだけが確実な保証を与えたからである。つまり、妻に娶る相手の女性のために死ぬ、という方法で娶ることができる人はいない。なぜなら、相手の女性のために死んでしまえば、娶ることができないからである。ところが、キリストは安心して婚約者のために死んだ。それは復活してから娶ることになっているからである」(122, 5)。

⑹ 詩編121の「愛の脱我」

この詩編注解では愛の脱我、脱魂の状態が解明される。汚れた愛が魂を燃え上がらせると、魂は地上的なものを欲求し、滅んで行くものを追求するようになり、こうして転落が起こる。ちょうどそれと反対に、聖なる愛は魂を天上のものへと導き、永遠的なものへと燃え上がらせ、過ぎ行くことも死ぬこともないものへと駆り立てる。そして魂を地獄の底から天へ上げる。しかし、愛というものはどんな愛でも独自の力を持っているのであって、〔何かを〕愛している人の魂のなかに愛が欠けているということはありえない。そして愛は必ずその愛を持っている人をどこかに導いていく。この世の創造者を自由に愛するためには、この世を愛してはいけない。なぜなら、魂は地上的な愛に縛られると、羽の中に内臓が詰まった鳥のように飛べなくなるからである。これに対して、世俗の汚れた情欲から解放された魂は、あたかも鳥が翼を広げて飛び立つように、神への愛と隣人への愛という二つの掟（マタイ22・40）を二つの翼として、どんな妨害も受けずに飛ぶのである（121, 1）。

愛しながら上昇する以上、神へ向かって上昇して飛んでいく以外のどこに飛んでいくのか。もし飛んでいきたいという欲求が魂にあるなら、それができない間は地上で呻き、「誰かわたしに鳩の翼を与えてくれないか。そうすれば飛んで行って休らうことができるのに」（詩編54・7）と言う。このような躓きのなかで呻いていたが、つまり悪い人たちとの交わりのなかから人は飛び立つことを願うのである。ここから逃れて永遠のエルサレムをめざして飛翔し、そこの市民である天使たちと聖なる交わりを持って生きることを望むようになる。

さらに愛は、わたしたちが以前とは違ったものとなるために、かつてわたしたちがそうであったところのわたしたちを殺す。だから、愛はある意味でわたしたちを殺すものでもある。「この世はわたしにとって、十字架につけられました。そしてわたしもこの世に対して十字架につけられました」（ガラテア6・14）と使徒パウロは言う。彼はまた「あなたがたは死んだのであって、あなたがたの命は、キリストと共に神の内に隠されているのです」（コロサイ3・3）と言う。

「愛は死のように強い」（雅歌8・6）とあるが、もし愛が強いならば、それは強固であり、強大な力をもっており、それ自体が力であって、それによって弱い人々が強い人々に支配され、地が天に支配され、国々が天に支配されるようになる。こうしてあなたの力によって平和が生じるように、あなたの愛によって平和が生じるようになる。この愛と平和によって、「あなたの宮殿のなかが」、すなわち、「あなたの高みのなかが豊かになりますように（あなたの城壁のうちに平和があるように）」（121〔122〕・7）とアウグスティヌスは祈る。というのも裁きの座に座る者の数は少ないが、〔神の〕右手に座ってあの町の住人となる者の数は多いからである。つまり、彼らを永遠の幕屋に迎え入れてくれることになる〔裁きの座へと〕高められた者が大勢いて、その人たちが主の宮殿を豊かに満たすからである（121, 12）。

(7) 詩編122の「神にある真の富」

階《きざはし》の歌の詩編122はわたしたちが本当の富、本当の健康、本当の正義を、その全体を飢え渇きながら求めなければならないと説く。本当の富とは何であろうか。それは天上のエルサレムに住むことである。なぜなら、この地上には〔本当の〕裕福な人はいないからである。人が裕福だと称賛されるとき、どんなことが言われるのか。「彼は多くの点で富んでいる。持っていないものはない」と言われる。だがこの称賛の前半は確かに正しいが、後半の「持っていないものはない」という部分は間違っている。彼が持っていないものがないかどうか、注意してみよ。彼が「何も欲しいものがない」と言うなら、所有していないものはないことになる。しかし、「所有しているものをもっと増やしたい」と望んでいるなら、富が増えても、欠乏感はますます大きくなるだけである（122, 12）。

これに対して、天上のエルサレムの町には本当の富がある。そこではもはや、わたしたちに不足するものは何もないから。というのも、そこで何かが必要になることはないし、本当の健康がそこにはあるからである。

ではその本当の健康とは何か。死が勝利に呑み込まれ、滅びる者が滅びないものを身にまとい、死すべき定めの者が不死なものを身にまとうとき（Iコリント15・53―54）、その時こそ、本当の健康が実現し、完全な正義が実現する。つまり、わたしたちはその時もはや、悪いことができないだけではなく、それを考えることもできなくなる。だがその時までは、力弱い者、貧しい者、欠乏する者、悲しむ者として、わたしたちは喘ぎ求め、呻き、祈り、神に向かって目を上げる。というのもこの世において幸福な人たちは、豊かなゆえに、わたしたちを嘲笑する。またこの世で不幸な人たちも、誤って心が豊かであると思い込んで、わたしたちを嘲るからである。彼らはその誤りのゆえに真実の正義に至ることはできない。しかし、あなたはそれができるようになるためには、義に飢え渇く者となり、福音書にある「義に飢え渇く人は幸いである。なぜなら彼らは満たされるであろうから」（マタイ5・6）という言葉に耳を傾けなければならない（122,12）。

（3）『ヨハネ福音書講解説教』の霊性思想

この「講解説教」(tractatus) の大半は413年以降に教会で民衆の前で行われたと一般に理解されている。彼は60歳を迎えて思想の円熟期に入っていた。したがってアウグスティヌスの成熟した思想が平易な形で展開しているといえよう。この時期には彼は『三位一体論』や『神の国』という大作にも取りかかっていた。またペラギウス論争はアウグスティヌスのパウロ主義を表明させたのに対して、ヨハネによる講解説教でも**異端論争**が随所に展開し、カトリック教会によって確定された「**受肉の神学**」が力説され、それに伴って観念的なプラトン主義が後退してゆき、そこから**神秘的な霊性の神学**が表明されるようになった。

(1) 第1説教における「霊感」

その際、彼は「霊感」を重んじるようになった。それは第1説教からも表明されている点にまずは注目したい。彼は言う。

兄弟たち、ヨハネもまた〔真理を〕あるがままに語ったのではあるまいと、わたしはあえて言う。彼もまた自分にできる限りで語ったのである。なぜなら人が神について語ったのであるが、彼は神から霊感を受けていたとはいえ、人だったからである。彼は霊感を受けたゆえに語った。もし霊感を受けなかったならば、何も語らなかったに違いない。しかし彼は人として霊感を受けたのであるから、存在するもののすべてを語ったのではなく、人にできる限りのことを語ったのである（『ヨハネ福音書講解説教』泉治典、水落健治訳、「著作集23」12頁）。

この霊感によって人の心に「目が見もせず、耳が聞きもせず、人の心に思い浮かびもしなかった」（Iコリント2・9）ことに触れえた限り、ヨハネは知恵自身であるキリストを観たのである。「それがもし人の心に上らなかったとしたら、どのようにしてヨハネの心に上ったであろうか。それともヨハネは人ではなかったのか。いやそれとも、それがヨハネの心に上ったのではなく、むしろヨハネの心がそれへと上ったのだろうか。というのも、それが人の心に上ったならば、下から人のほうへ上ったのであるが、人の心がそこへ上ったそれは、人から見て上にあるからである。兄弟たち、それがヨハネの心に上ったならば、ある意味でこう言えるに違いないが、ヨハネ自身は人でなかった限りで、それがヨハネの心に上ったと言えるだろう。さて〈人でなかった〉とはどういう意味か。彼がそのとき初めて天使となった限りでそうである。なぜなら聖徒はみな神を告知する者であって、天使だからである」（前掲訳書、13頁）。

このようにしてヨハネは御言葉の神性について述べ伝えたのであるが、それを見たヨハネは偉大なる高山であって、「彼は大地のすべての山の頂を越え、天界のすべての層を越え、すべての星座の頂を越え、天使のすべての位階と軍勢を越えて行った。なぜなら、造られたものすべてを越えるのでなければ、彼はすべてのものを造りたもうた方に達しないからである」（前掲訳書、14頁）。それゆえ単に山々を見るのではなく、むしろ山々もまたそこから平和を受けるそこに、わたしたちの望みをおかなければならない。したがって世界と天界のすべてを超えて「天地を造りたもうた主に助けを呼び求めなさい」とヨハネは勧告する。こうしてこの「心」（cor）の概念でもって示される「霊性」は世界と天界のすべてを超えていって創造主に向かって上昇すべきことが説かれた。「なぜなら、山々は自らに光を観ることはできず、聞くことによって照らし出された限りで語ることができたからである。……しかし助けは天地を造りたもうた主から来るのであれば、ヨハネがそこから汲んで自分を満たしたその胸から、あなたは満たしなさい。それゆえ満たすことのできるかたが満たしてくださるように」（前掲訳書、16頁）。これに続けて神を観るのは人を見るのとは異質であるがゆえに、「神はあなたがたの良心の前におられる。耳をわたしのほうに向け、心を神に向けなさい。そうすれば、あなたがたは耳をも心をも満たすだろう。さあ、目と身体の感覚をわたしたちのほうへと上げなさい」と説かれた。

ヨハネ福音書の冒頭にある「初めに言《ことば》があった。言《ことば》は神と共にあった。言《ことば》は神であった」が告

げられるとき、

これは口から出る音声と違って、内にとどまるものである。真に霊的に語られることばがあるが、これは人が音声から理解するとしても、音声自身ではない。Deus（神）とわたしが言うとき、わたしはことばを告げる。……あなたはデウスということばを聞いたとき、あなたの心に何が起こるだろうか。あなたがデウスと言うとき、わたしの心に何が起こるだろうか。ある偉大な、そして最高の実体が思惟されるのである。その実体は、肉的なものであれ霊魂（生命）であれ、すべての可変的な被造物を越えている。……生きていて、永遠にあり、全能で、無限で、至る所に現在し、至る所で全体であって決して閉じ込められることのない実体を考えるとき、あなたの心のなかにあるそれはいったい何であろうか。……しかし音声によって意味され、語った人の思考のなかにあり、聞いた人の理性のなかにあるものは、音声が過ぎ去って行くときもとどまっているのである（前掲訳書、17–18頁）。

さらに「命は人間を照らす光であった」（ヨハネ1・4）とあって、人間はその命によって照らされる。というのも人間は石ではなく、神の像に従って造られ、理性的な精神をもち、それによって知恵を看取することができるからである。それゆえ、万物がそれによって造られたその命が光であるが、これはすべての生きものの命ではなくて、人間の命である。だから少しあとでこう言っている。「その光は、まことの光で、世に来てすべての人を照らすのである」（同1・9）と。

そこで問題となるのは「神の像」に従って造られた人間の心が罪のゆえに失ったその似姿を回復させることである。ここに霊性神学が重要な意味をもってくる。ヨハネ自身また先の光によって満たされたのであって、その命は人間の光であるのに、「その心は罪のゆえに打ちひしがれて、光を見ることができない。……目の見えない人が太陽のもとに立ったとき、太陽は彼の前にあるのにその人は太陽から隠れているように、すべて愚かな人、すべて悪人、すべて不敬虔な人は心において見えないのである。知恵は現前している。しかし目が見えない人の前にあるのだから、その人の目の前にはない。これは知恵がその人にないからでなく、その人が知恵から離れているからである。ではどうしたらよいか。神が見られるように〔心を〕清くしなさい。もしも、何か塵や粘液や煙が目を刺激して汚れたり傷ついたりしたために見えなくなったとしたら、医者はこう言うだろう。目から悪いものを全部取り除きなさい、そうすれば目の光を見ることができるでしょう、と。塵や粘液や煙とは罪であり不正である。それらすべてをそこ〔心〕から除きなさい。そうすればあなたは現前している知恵を見るだろう。神は知恵であるからだ。そこでこう言われている。〈心の清い人々は幸いである。その人たちは神を見る〉（マタイ5・8）と。神を観る観照という終局目的に至る道としてのキリスト教信仰の意義がこのように説かれる。ここに神秘的な観照に至る道行きとしての霊性の意義が明らかになって来る。それは霊を清めて神を見るところまで導くということである。現世におけるキリスト者の営みには罪からの清めが求められ、聖化によって観照の実現に励むことが要請される。そのためには霊からの誕生がなければならない。

(2) 第12説教における「霊からの誕生」

またヨハネ福音書は「肉から生まれたものは肉である。霊から生まれたものは霊である」（3・6）と語る。霊からの誕生は御言《みことば》と秘跡によってわたしたちが霊の中で生まれることを言う。それを実現するのは聖霊のわざである。

聖霊が目に見えない仕方で臨在され、あなたはそこから生まれる。あなたもまた、目に見えない仕方で生まれるからだ。こう書かれているからである、「『あなたがたは新たに生まれねばならない』とあなたに言ったことに、驚いてはならない。風（霊）は思いのままに吹く。あなたはその音を聞いても、それがどこから来て、どこへ行くかを知らない。」（3・7―8）。

霊を見たものはいない。わたしたちは霊の音を一体どのように聞くだろうか。詩編は声を響かせる、それは霊の声である。福音書は声を響かせる、それは霊の声である。神の言は声を響かせる、それは霊の声である。あなたは霊の声を聞く、だがそれがどこから来て、どこへ行くかを知らない（水落健治訳、前掲訳書、208—209頁）。

このような出来事がニコデモにおいて起こっていた。彼はイエスに言った、「どうして、そんなことがありえましょうか」（ヨハネ3・9）と。事実、ニコデモは主のことばを肉の意味に取り、理解してはいなかった。彼は霊の声を聞いていたが、それがどこから来て、どこへ行くかを知らなかった。そこでイエスは答えて言われる、「あなたはイスラエルの教師でありながら、こんなことが分からないのか」（同3・10）と。主はニコデモが霊から生まれることを望んでおられた。だが、人は謙虚になって、心が砕かれないと霊から生まれることはない。だがニコデモは教師として思い上がっていた。自分がユダヤ人の教師であるという理由から、自分を何か重要な者と考えていたのである。そこで主はニコデモを霊から生まれさせようと、その高慢を打ち砕かれた。

人よ、あなたはなぜ高慢なのか。神はあなたのために謙虚となったのである。あなたは多分謙虚な人を模倣することを恥ずかしいと思うかもしれない。だが、少なくとも謙虚な神を模《も》倣《ほう》しなさい。神の子は人間の姿をとって来られ、謙虚となったのである。あなたは謙虚となるように教えられている。そして人間から家畜となるように教えられているのではない。神の子は神であったのに人となった。人よ、あなたは人にすぎないことを認識せよ。あなたの謙虚の全体は、あなた自身を認識するよう志すことである。(『ヨハネ福音書講解説教』25・16「アウグスティヌス著作集24」金子晴勇訳、34―35頁)

このようにアウグスティヌスは神の受肉の行為を目の前に据えて人間の自己認識をわたしたちに迫っている。古代教会はユスティノス以来の伝統によれば、プラトン主義の二世界説に立脚して天上界にあった神の言《ことば》であるロゴスが地上界に下って人となった。「受肉」によってキリスト教の中心的使信を捉えた。ユダヤ教の黙示思想が「人の子」の預言となり、これがヨハネ福音書冒頭の「**受肉した神の言**」という思想を生み、プラトン主義の世界観に助けられて、古代キリスト教教義体系の中心に据えられた。ところがアウグスティヌスはこうした古代教会の歩みに従いながらも、いっそう内面的霊の立場から受肉の前での自己認識の必要をここに説いている。この自己認識こそ**霊の謙虚**にいたる第一歩にほかならない。

ところで『ヨハネ福音書講解説教』では三位一体に関するさまざまな異端邪説が絶えず批判されている。このような当時の神学状況はこの説教にも色濃く反映しており、教父はこれらの異端邪説に対決してキリスト教の真理を民衆に正しく伝えようと心魂を傾けたのであった。なかでもアレイオス主義の異端はキリストにおける神の言葉の受肉を否定することから起こった。これに対決しアウグスティヌスはヨハネ福音書の本文を講解しながら、イエスにおいて神の言《ことば》が受肉している事実を追求して止まない。もちろんそれは人々には隠された事実であるとしても、やがて十字架の贖罪のわざによって明らかになっている。したがって神の言の神学とはイエスにおいて神の言が受肉しているという「**受肉の神学**」を意味する。その際、フィリピの信徒への手紙2・6―10の「キリスト讃歌」にもとづいて受肉は神の子が神のかたちを捨てて「自分を無にして」僕《しもべ》のかたちをとったケノーシス（神性放棄、謙虚、謙卑）として理解された。ヨハネ福音書6・38「わたしが天から降って来たのは、自分の意志を行うためではなく、わたしをお遣わしになった方の御心を行うためである」の講解で彼は最初に引用した言葉を語り、受肉と謙虚とを結びつけている。

実際、キリスト教徒は近代にはいると一般的に言って自己認識から出発していって罪を自覚し、神の子の贖罪を受容することによって救いを体験している。これに反しパウロはダマスコ途上にてキリストを啓示され、キリスト認識が新たに開けることによって救いを体験した。ところがアウグスティヌスはパウロと同様に受肉を客観的に捉えているが、同時にその前で自己認識の必要を説くようになった。こうして救いを受容する主体の側の問題は**霊性の受容性**として表明されるようになったといえよう。その際、アウグスティヌスはキリストと一つになることによって人なるイエスから神なるキリストへと上昇すると主張した。たとえばこう言われる。

兄弟たち。こうして神は人の子となろうと望みたまい、人は神の子となろうと望んだ。キリストはわたしたちのために下られ、わたしたちはキリストのゆえに〔天に〕上るのである。下られ、かつ上られたのは「天から降って来た者のほかには、天に上った者は誰もいない」と語られた方のみなのである。それゆえ、神の子とされる者たちが天に上らないなどということがあろうか。彼らは確かに上るであろう。わたしたちに約束されているのは「天の使いと等しくなる」(マタイ22・30) ことだからである。では下ってきた者のほかには上がった者が誰もいないということはどのようにして起こるのだろうか。それは、天から下る者が一人であり、天に上る者も一人だからである。では他の人々はどうなのだろうか。その一人の人の肢体《からだ》となってその一人が上る、という以外に理解の道はないであろう(前掲書、水落健治訳、

212頁)。

このようにキリストとの一体化が強調される。「一体化」、つまり「一つの霊」となることはキリストとの神秘的な合一を言うのであるが、それはキリストのからだなる教会に加わることによって実現する。ここからキリストとの愛の交わりに加わることが力説されるようになった。この点に関してこの『ヨハネ福音書講解』では「キリストを信じるとは何か。それは信じながら愛し、信じながら敬愛し、信じながら主キリストのうちに入り、そのからだに合体されることである」(『ヨハネ福音書講解』XXIX, 6) と語られている。このからだというのは教会を指しているとも考えられ、ここにキリストとその信徒の魂、キリストと教会とが一つとなって「人なるキリストから神なるキリストへ」と向かう超越となる(こうして「この人なるキリストから神なるキリストへというアウグスティヌスの命題は、高く聳える灯台のごとく全世紀にわたるキリスト神秘主義に目的への正しい道を示している」M. Grabmann, Augustins Lehre von Glauben und Wissen und ihr Einfluss. S. 90f.)。

(3) 第15説教における「霊と真理」

ヨハネ福音書は共観福音書よりも成立年代が新しく、霊性思想も豊かに展開する。とりわけヨハネ福音書4章ではイエスはサマリアの女と対話を交わした物語があって、「神を礼拝する者は、霊と真理をもって礼拝しなければならない」（ヨハネ4・24）と語られた。ここに指摘される「霊と真理」の関係についてアウグスティヌスがそれを扱った第15説教でどのように考えたかを問題にしてみたい。

この対話物語を扱ったときアウグスティヌスは「女の五人の夫」を「感覚的な五感」と解釈し、そこに欲望に従う生きかたが肉的であるのに対し、この欲望を支配する「知性と精神」が霊に当たると解釈する。ここに展開する霊と肉の二元論はいまだプラトン主義やストア哲学の考えを脱していない。だが、霊の作用には知性的な機能もあって霊が真理の照明を受けて自己認識に達することは認めるべきである。だがこの講解で「霊」の機能を「知性と精神」(intellectus et mens)と同一視することは不可能であって、この段階では未だ霊の独自な機能の理解にまで到達していない。彼は「霊と真理」との関係について次のように説いた。このように「霊」が「真理」と一緒に用いられているのは人間の霊が真理の照明によって正しい自己認識に達し、謙虚になって霊の新生を求めるためである。それゆえ聖書は「打ち砕かれた霊」を恩恵を受ける不可欠の前提とみなした。ヨハネによると神から派遣される「真理の霊」は救い主なるイエスを知るように導き、「真理の霊が来ると、あなたがたを導いて真理をことごとく悟らせる」（ヨハネ16・13）。それゆえヨハネによると霊は人に授けられた人を生かす力である。このように神の霊は真理をもって人間を照明し、正しい自己認識に導くと同時に偽りの祭儀・虚偽の宗教・神に敵対する諸々の霊力から人間を解放する。

この「打ち砕かれた霊」についてイザヤでは「わたしは、高く、聖なる所に住み、打ち砕かれて、へりくだる霊の人と共にあり、へりくだる霊の人に命を得させ、打ち砕かれた心の人に命を得させる」（イザヤ書57・15）と言われる。同様に詩編51編は言う、「しかし、神の求める生け贄は、打ち砕かれた霊。打ち砕かれ悔いる心を、神よ、あなたは侮られません」（詩編51・19）と。新約聖書ではマリアの讃歌で、「わたしの魂は主をあがめ、わたしの霊は救い主である神を喜びたたえます。身分の低い、この主のはしためにも、目を留めてくださったからです」（ルカ1・46—48）と告白された。

同様の傾向は『ヨハネ福音書講解説教』第34説教でも展開する。そこには主知主義的な傾向が残存している。「だが、わたしたちは光について語ったのである。それゆえ、続けて探しなさい。というのは、預言者は〈あなたのもとに命の泉がある〉と言ってから、それに続けて〈わたしたちはあなたの光によって光を見るであろう〉つまり神から神を、光から光を見るであろう、と付言したからである。この光によって太陽の光は創造されたのである。そして太陽を創造し、その下で神がわたしたちをも創造した光は、わたしたちのために太陽の下に現れたのである。太陽を造った光が太陽の下にわたしたちのために現れたのだとわたしは言う。肉という雲を軽蔑してはならない。雲におおわれるのは、それが暗くされるためではなく、その輝きがやわらげられるためである」(『ヨハネ福音書講解説教』(2) 金子晴勇訳、138—139頁)。

キリスト教思想史においては霊が「霊・肉」の二分法と「霊・魂・身体」の三分法として用いられる場合が一般に認められる。後者は人間に与えられた自然本性的な区分であって、そこには機能によって「霊」(spiritus)や「魂」(anima)は区別される。たとえばアウグスティヌスの『魂とその起源』は二つの区分法について次のように論じている。

あなたは実際知らなかったのか。聖書に「あなたはわたしの霊からわたしの魂を解き放ちたもうた」と語られているところにしたがって、魂と霊との二種類が存在しているのを。そしてこの両者とも人間の自然本性に属しているため、人間の全体は霊・魂・身体から成るということを。しかし、それら二つのものはしばしば、例えば「そして人間は生ける魂となった」(創世記2・7)とあるように、一緒にされて魂という名で呼ばれる。この箇所では確かに霊のことが考えられている。同様にしばしば〔霊と魂の〕両者は、「そして彼は頭をたれて霊をゆだねた」（ヨハネ19・30）と書かれているように、霊という名で呼ばれる。この箇所では魂もまた必然的に考えられている。すると両者は同一の実体であろうか。あなたはすでにこのことをご存知のこととわたしは思う。（De anima et eius origine, II, 2, 2）

アウグスティヌスは霊と魂が同一実体に属することをこのように明らかに語っており、「魂」（anima）は身体を生かす生命原理であるのに対し、「霊」（spiritus）は実体において魂と同じでも機能において相違する。この引用文では霊は自然本性として把握され、自然本性としての「霊」は魂の理性的働きである。彼は魂と霊を区別して次のように言う。「しかし人間の霊は聖書において魂そのものの理性的能力（ipsius animae potentia rationalis）と呼ばれ、この能力により家畜と相違している」（De genesi c. Manich., II, 8, 11. cf. En. in Ps., 145, 5; De fide et sym., 10, 23.）。だから「家畜は霊を所有していない、すなわち知性と理性もしくは知恵の感覚とを所有していないで、ただ魂をもっているだけである」（op. cit., IV, 23, 37）とも語っている。したがって霊は魂のうちにある理性的能力であって、『創世記逐語講解』では意識の生産的能力として表象をつくりだす構想力であると説かれていた。魂とその認識の諸能力の関係について一般的には次のように理解されている。「魂はその機能にしたがってさまざまな名称で呼ばれる。すなわち、生命活動を与える機能によって

〔固有な意味で〕魂（anima）と呼ばれ、観照する機能によって霊（spiritus）と呼ばれ、感覚する機能によって感覚（sensus）と、味わい洞察する機能によって精神（animus）と、理解する機能によって知性（mens）と、分析する機能によって理性（ratio）と、想起する機能によって記憶（memoria）と、同意する機能によって意志（voluntas）と呼ばれる。しかし、これらのものは名称において相違しているようには実体において相違しているのではない。なぜならこれらすべては一つの魂であって、その固有性において差異があるからである」（De spiritu et animae, 13）。

このように魂は実体としては一つであっても、その機能によって多様に呼ばれ、その中に霊も数えられている。

アウグスティヌスは霊と肉を魂と身体であらわす古代的人間学の枠中に立ちながら、それとは原理的に異質なキリスト教的霊・肉の区別を次第に明確に説くにいたった。『神の国』の歴史神学は神の愛に立つ霊的な国と自己愛に立つ肉的な国との二つの国の対決をとおし霊・肉の壮大なドラマを構想した。そこに霊・肉のもっとも明確な区別が次のように述べられている。「二つの相違し相反する国が起った。一方は肉に従って生きる人々であり、他方は霊に従って生きる人々である。その意味で前者は**人間に従って生きる人々**と呼ばれ、後者は**神に従って生きる人々**と呼ばれる」（De civitate Dei, XIV, 4, 2）と。この「肉に従って生きる」というのはエピクロス派の快楽主義を意味するのではなく、また「霊に従って生きる」というのは最高善を精神におくストア主義の生き方でもなく、聖書の主張によれば、いずれの学派も肉に従って生きるとみなされる。こうして初めてアウグスティヌスは自然本性による三分法とそれとは全く異質な神学的二分法を捉え、身体のキリスト教的な理解に達した。

第10章 『書簡集』の霊性

(1) 謙虚と霊性「第1に謙虚、第2に謙虚、第3に謙虚である」(書簡118の研究)

生まれはギリシア人でアフリカに勉学に来ていたディオスコルスからアウグスティヌスは410年か411年に「書簡117」を受け取った。これに対し彼は直ぐに長文の手紙を書き送った。彼はディオスコルスが答えるに困難な問題を尋ねてきたことに不平を述べるが、そのような好奇心から彼を救い出すべく試みる。またアウグスティヌスはディオスコルスの主な関心がこれらギリシア哲学の対話篇についての質問に答えられないなら無知で愚かであると思われないかという点にあるのを気づかせる。彼はディオスコルスが他人に称賛されたいという願望と彼らの批判から解放されたいという願いによって動機づけられている点を非難する。

ディオスコルスは恐らく東方の地において重要な人物キケロに関する質問を受け、キケロがその哲学を引用するギリシア語の原典について質問されたくないのである。だが、ディオスコルスが教えたい健全な真理を知ることの方が重要である。この健全な真理がキリスト教信仰の真理であるならば、ディオスコルスは古代ギリシアの哲学者よりもさまざまな異端について学ぶ方がよいであろう。ところでテミストクレス（Themistocles, BC. ca524/520 - ca459/455）が国家を統治する技術を知っているので、フルートの弾き方を知らないのを恥じなかったように、ディオスコルスはキケロについて知らないことを恥じるべきではない。なぜならディオスコルスは幸福なる生活が最高善の所有によって成立するのを知っているから。最高善は身体や魂においてではなく、創造者である恒常不変な知恵において見いだされるべきである。創造者に寄りすがることによって魂は幸福に達する。プラトン主義者たちはわたしたちの最高善がわたしたちと万物とを創造した神を享受することであると主張した。それゆえ彼らは最高善を魂に置いたストア派と身体にそれを置いたエピクロス派に反対した。しかしプラトン派は、他の人たちが誤謬にしたがって生きる模範となったように、真の理性に従って生きる模範にはなれなかった。なぜなら彼らはわたしたちの主イエス・キリストの謙虚の模範を知らなかったし、彼らが道徳性について獲得した真理を、この模範なしに彼らは人々に説得できなかったからである。それゆえプラトン主義者は自分の見解を隠し、真理を発見したと主張する人たち、つまりストア派とエピクロス派に反論する。アウグスティヌスはディオスコルスにキリストがわたしたちのために提供した道を採るように次のように勧める。

わたしのディオスコルスよ、敬虔な心のすべてを傾けてあなたが彼に服従するように、また真理に向かって進み、真理を獲得するために、わたしたちの弱い歩みを神のように見たもうたお方によって建設された道とは別の道を作ったりしないように、わたしは願っています。だが〔あなたが採るべき〕第一の道は**謙虚**であり、第二の道も**謙虚**であって、第三の道も**謙虚**です。またあなたが質問するたびに、わたしはこのように言いたいです。語られるべき他の戒めがないのではありません。しかしながら、もし謙虚がわたしたちの善行にすべてに先行し、同伴し、追跡しないならば、またそれを見つめるように置かれ、それに寄りすがるように添えられ、抑制されるように課されていないなら、傲慢が何かの善行を喜んでいるわたしたちの手からすべてを強奪してしまいます。わたしたちは確かに罪深い行いをするとき悪徳を怖れるべきですが、わたしたちが正しい行いをしているときにも、それが称賛に値する仕方でなされたものでさえ、称賛に対する欲望そのものによって喪失されないために、わたしたちは傲慢を怖れなければなりません。あの高名な弁論術の教師が雄弁の教えのなかで第一に守られなければならないものは何であるとお考えですかと、質問されたとき、「話しぶり」と答えたと言われています。二番目には何を守るべきですかと質問されたとき、彼は同じく「話しぶり」と答え、三番目はと問われたとき、「話しぶり」とだけ答えました（キケロ『弁論家』III, 56, 213を参照。そこではデモステネスはそれが弁論家にとって重要であると言われたと報告されている)。同様にもしあなたがキリスト教の教えについて質問するならば、またあなたが質問なさるたびに、たとえやむを得ない事情で他のことを言うように強いられたとしても、わたしは「謙虚」とだけお返事したいです（「書簡22」『書簡集1』金子晴勇訳、「アウグスティヌス著作集」別巻1、教文館、343―344頁)。

キリストの謙虚に対立しているのは、学者であると思われるためにギリシアの哲学者たちについて知ることを喜ぶような無知なる知識である。実際、キリスト教の教えだけで全く充分である。「わたしたちの主イエス・キリストはこのもっとも健全な謙虚を教えるために自ら謙《へりくだ》られたのです。わたしは言います、このもっとも健全な謙虚に対していわばもっとも無知である知識がとりわけ反対しています」(同4, 23)。たとえばアウグスティヌスは神が空気であるというアナクシメネス（Anaximenes of Miletus, BC. 585 - 525）の見解は、神が非形態的であることを知っている人には重要ではないと言う。同様に精神が真理であり知恵であるとの発言に対しアナクサゴラス（Anaxagoras, BC. ca. 500 - ca. 428）と言葉に関して口論する必要はない。アウグスティヌスは、非物体的な実在を考えることの困難さを強調するために、アナクサゴラスに関するキケロの注釈を利用する。というのはストア派とエピクロス派とはただ一つの物体的事物が存在すると主張したのに、アナクサゴラスはある純粋にして単純な知恵と真理があって、それが神であったし、精神とも呼ばれたと理解すると主張したからである。しかし、わたしたちはアナクサゴラスをその知識のゆえに学んだのではないし、ましてやデモクリトス（Democritus, BC. ca. 460 - ca. 370）をその知識のゆえに学んだのでもない。

（2）霊性と直視（書簡147の研究）

次にこの書簡147では「神を見ること」と表題にあるように、アウグスティヌスの親しい交わりにあったパウリナという女性の求めに応じて、見神について詳しく論じられた。そのなかで重要と思われる視点のいくつかが明瞭に説かれているので、ここに指摘しておきたい。

(1) 神を見ることと信じることとは相違する。「信じることと、現前しているものを精神によって見ることは、全く同一のことではなく、語ることによって明白に区別される」(同1, 6)。この区別は「基礎的準備」といわれる(同2, 7)。

(2)魂であれ、身体であれ、知覚の間近にあるものが意識に現前する。「確かにわたしはこの光を身体の感覚によって見ており、わたしの意志は、魂の知覚の間近にあり、現前しているがゆえに見ているからである」(同上)。

(3)信じているものを見るようになるには、信じているものが現前しなければならない。現前というのは「間近にある」に由来する。この間近にあり得るのは、神の霊と人の霊との間を指している。なぜなら神が現存するためには、神の霊がわたしたちの霊に現れなければならないからである。「人のうちにある霊以外に、いったいだれが、人のことを知るのでしょうか」(Iコリント2・11)とパウロは言う。認識というものは同等なものの間に起こる。なぜならエンペドクレスが言うように「等しきものは等しきものによって知られる」からである。

(4)ところで神は「霊である」。この神の霊がわたしたちの霊のなかに現前するのは現在のことではなく、将来のことであって、現在はそれを信じることが要請される。

(5)それにもかかわらず聖書は「心の清いものは神を見るであろう」と説く。すなわち「心の清い人々は、幸いである、その人たちは神を見る」(マタイ5・8)。それゆえ神を見ることができるように心を清めることが現世における最も重要な課題となる。

これがアウグスティヌスの基本的な主張である。この書簡では彼はその師アンブロシウスの『ルカによる福音書注解』を用いて自説を補強し、「主が望んだ人以外には主は見られない」（6・18）と説く。さらに詳しくは『神の国』第22巻第29章「来るべき世におけるる聖徒にゆるされる神の直視」を参照するように指示する。

（3）神の現臨（書簡187 ダルダヌスへの手紙の研究）

アウグスティヌスはガリア総督でカトリックの平信徒であったダルダヌスの質問に答えて手紙を書いた。彼の質問は二つあったが、その一つに洗礼者ヨハネがマリアを訪問したとき、母に胎内にあった子が喜んで踊ったことの説明が求められた。そこには聖霊の働きがあって人間の胎内での出来事が起こった。幼児は神殿に見なされ、聖霊の内住が人間の霊において起こり、そこに神の現臨が起こったと説かれた。

アウグスティヌスはこのことを次のように説明する。「神はあらゆるものを通して拡がっている。実際神は「天をも地をも、わたしは満たしている」（エレミヤ書23・24）と預言者を通して語る。また神の知恵については「知恵は地の果てから果てまでその力を及ぼし、慈しみ深くすべてをつかさどる」（知恵の書8・1）を挙げる。同様に聖書は言う、「主の霊は全地に満つ」（同1・7）と。さらに詩編では神に向かって言う、「どこに行けば、あなたの霊から離れることができよう。どこに逃れれば、御顔を避けることができよう。天に登ろうとも、あなたはそこにいまし、陰府に身を横たえようとも、見よ、あなたはそこにいます」（詩編139・7―8）と。ここには汎神論と言うよりは万有在神論が表明されている。しかしアウグスティヌスは「神があらゆるものを通して拡がっているのは、神が世界の性質であるという〔汎神論的な〕仕方によってではなく、世界を創造した実体であって、労することなく治め、重荷を負うことなく世界を保持するという仕方においてそうなのである」（同4, 14）と人格神論的に考察し、神が神殿に宿るように人間の心に宿っていると説く。それは使徒パウロによって「知らないのですか。あなたがたの体は、神からいただいた聖霊が宿ってくださる神殿であり、あなたがたはもはや自分自身のものではないのです」（Ⅰコリント6・19）と語られる。このことは魂が身体のなかにあるように、閉じ込められているのではなく、物体的な空間ではなく、霊的な喜びの有する一種の広さが見いだされる（前掲書4, 15)。

それは洗礼を受けた幼児たちには彼らが知らなくとも聖霊が宿っていることでも明らかであ

る。「というのは聖霊が彼らに内にいますことを、彼らは〔内にある〕精神を知らないのと同様に、知らないからである。この精神は、彼らが未だ使用できないでいる理性が、年齢が進むと燃え立つばずの火花のように、彼らの内にいまだ眠っていたのである」。使徒も大人たちに「あなたがたは、自分が神の神殿であり、神の霊が自分たちの内に住んでいることを知らないのですか」（Iコリント3・16）と語っているので、このことは幼児たちにとって驚くべきことではない。この人たちについて使徒は少し前に「自然の人は神の霊に属することを受け入れません」（同2・14）と語っていた。使徒は彼らを肉の年齢によってではなく、精神の年齢によって幼児たちと呼んでいる。それゆえ彼らは自分たちの内に宿っていた聖霊を理解力によって知覚していたのではなかった。そして聖霊は彼らのところに宿っていたけれども、彼らは未だ自然的であって、霊的ではなかった。というのは彼らは理解力をもって内に宿っている御霊を知覚することができなかったからである（同5, 26）。つまり霊的になって初めて神の霊を受容することができる。

そこで人間には誕生と再生という二つの出来事が与えられて、初めて霊となる。使徒は言う、「最初に霊の体があったのではなく、自然の命の体があり、その後に霊の体がある。最初の人は土でできており、地の属している。第二の人は天に属している。土からできた人は土からできた人に等しく、天に属する人は天に属する人に等しい。わたしたちは土からできた人の似姿となっているように、天に属する人の似像ともなる」(Ⅰコリント15・46–49)と。最初の人は人間に過ぎないのに、第二の人は神にして同時に人間である。罪は神を見捨てることによって起こった。義は神なしには生じない。さらに肉的な生殖によって最初の人が四肢から到来していなかったら、死ぬことはないであろうし、霊的な結合によって第二の人の四肢となっていないなら、生きることはないであろう(同9・30)。

さらに民の召命について預言者が「島々に住む諸国の民も、それぞれの地で主にひれ伏す」(ゼファニヤ書2・11)と予告していたとき、「一つに」という意味は「一つの場所に」という意味で言われたのではなく、「一つに集める」と語られたことは、「一つの霊に」また「キリストが唯一の頭である一つのからだに」という意味である(コロサイ1・18;エフェソ1・22–23参照)。そのように集まることは神の神殿を建設することである。しかも肉の誕生ではなく、霊的な新生がそのような集まりを造り出すのである(同12, 37)。

付論　アウグスティヌスと古代キリスト教の自然観

はじめに

アウグスティヌスと古代キリスト教の自然観についてこれまで内外の文献を見てもほとんど研究されていない。アウグスティヌスの自然観自身に関する研究はすでに優れた成果がいくつも発表されている（A. Mitterer, Die Entwicklungslehre Augustins. Im Vergleich mit dem Weltbild desHL. Thomas und dem der Gegenwart, 1956; A. Holl, Seminalis ratio. Ein Beitrag zur Begegnung der Philosophie mit den Naturwissenschaften, 1961; R. Burton, Was Saint Augustine an Evolutionist. Irish Ecc. Record vol. V.)。本論は彼自身がプラトンの『ティマイオス』の自然観の影響を生涯にわたってとどめているがゆえに、この点を考慮するとともに同時にプラトン主義の影響がさらに顕著なオリゲネスにも言及しながらアウグスティヌスの自然観の特質を全体的に考察する試みである。

（1）ギリシアからキリスト教に至る自然観の変化

一般的にいってキリスト教の自然観が自然を越えた超越的な創造神に対する信仰に基づいているのに反し、ギリシア人は自然に内在する神を説いて汎神論に傾いていた自然観を抱いていた。こうしたことから両者の自然観には基本的な相違が認められる。この自然観というのは直接自然に触れて感得される個別的な理解と共通の見方となっている思想とが混入されているが、ここでは世界に対する共通の見方という思想だけを問題にしたい。

ところで、哲学はギリシアの最初の哲学者タレスの「万物の始原は水である」ということばをみても明らかであるように、「万物」という存在しているものを全体的に反省しようとしている。それゆえ哲学は存在についての一般的な考察から起こっているといえよう。そのさい、存在するものの全体は伝統的に神と世界と人間とに区分される。そしてこの神と世界と人間との三者の関係がどのように捉えられているかによって思想の基本的な性格も明瞭になるといえよう。

そこで、この点を歴史的に概観しながら考えてみよう。まず、ギリシア初期の哲学はソクラテス以前の哲学者たち、つまりタレスに発する自然哲学の200年に及ぶ歩みに展開しているように、自然的コスモス（宇宙＝秩序世界）としての世界の経験から出発し、コスモスに神的なものを認め、死すべき人間は不死の神々に与って永遠不滅の生を得ようとした。しかし、ソフィストの出現によってコスモスとポリス（国家社会＝人間世界）との間の断絶や懸隔が意識され、さらにソクラテスによって、人間そのもののプシュケー（精神）の自覚に達している。このようにしてギリシア人の思想的世界はコスモス・ポリス・プシュケーから構成される同心円的三重構造をもって把握されている（詳しくは金子晴勇『人間と歴史――西洋思想における人間の理解』ＹＭＣＡ出版、13―19頁参照）。しかし、全体としてこれを見るならば、実はコスモスが圧倒的優位を保っていたといえよう。したがってギリシア人は世界を支配しているオリュンポスの神々を信じており、この神々によって世界はカオスからコスモスへと形成されたとギリシア神話は述べている。それゆえ、ヘシオドスの『神統記』には宇宙創成説があって、神々の誕生とコスモスの創成とが物語られる。コスモスとは新しい世界秩序を造りだした神々の世界なのである。

ところが、このギリシア的なコスモスの尊貴な姿はキリスト教的超越神の信仰によって非神聖化され、「現世」として世俗化され、神に反逆する現世的権力が支配する世界に変貌する。そして現世の権力に支配され罪に染まった人間は神の恩恵によって救済され、人格的な神との交わりの中に人間も世界に対し独立した人格となる。旧約聖書はこの唯一神を世界創造神として星辰宗教であったバビロン神話に対決させ、世界と同質なる神々に対し超越的唯一神による世界創造を物語っている。それゆえキリスト教においては「世界」から「神」に中心が移り、そこから世界と人間とを解明することが始まる。もちろんこうした歩みは近代に入ると、「人間」に移っていき、その自意識から存在しているものの全体は構成されるようになっていく。

このように、ギリシア世界の絶えざる崩壊過程がその後の歴史を形成していると考えられる。コスモス―ポリス―プシュケーの同心円的三重構造をもつギリシア的な思想世界はまず外側のコスモスから崩壊し始め、その影響がポリスとプシュケーにまで及ぶ間に、キリスト教の創造神をもってコスモスの非神聖化が生じているが、この非神聖化されたコスモスから近代の自然科学が初めて誕生してくる（ヴァイツゼッカー『科学の射程』野田博之、金子晴勇訳、法政大学出版、156、266頁参照）。

（2）プラトンのデミウルゴスとキリスト教の創造神

初期のキリスト教の思想家たちは「教父」と呼ばれれる。彼らはプラトンの『ティマイオス』に登場するデミウルゴス（世界製作神）が旧約聖書の創造物語に由来しており、プラトンは聖書からこの神について学んだと信じていた。しかし、今日では、誰もそのようには考えていない。では両者の間にはどのような相違点が見い出されるのであろうか。

プラトンは「常に存在していて生成をもたないものと、常に生成しているが決して存在しないもの」とを区別し、前者は理性的言論にしたがい思惟によって把握されるものであり、後者は理性の働きと異なる感覚作用にしたがって捉えられる。この生成するものはすべて必然的にある原因から生成しなければならないが、そのさい「ある物の製作者が、常に同一に存続しているものを模範として観て、それの形姿と性能とを模写するならば、すべてのものを美しく完成するにちがいない」。このように考えて製作神デミウルゴスがイデアを観て、世界を造ったと次のように説いている。「彼が永遠なるものを観ていたことは誰にも明らかである。なぜなら、この世界は生成したもののなかで最も美しいし、彼〔世界形成者〕はあらゆる原因のなかで最善のものだからである。このようにして調和的世界は、理性と思惟とでもつて把握され、常に自己同一に留るものに形どって形作られて、生成したのである」（プラトン『ティマイオス』27d-29a）と。

ピタゴラス派のティマイオスはこのように語って、世界創造の物語りを開始している。この宇宙創成説で注目すべき点は、まず第1に、生成した世界の由来が問われていることであり、第2に、この世界を造った者は時には「神々」と名づけられ、時には「製作者」（デミウルゴス）と名づけられ、また少なくとも詩的に高揚した場合には、「万有の父」と名づけられている点であり、第3には恒常不変に存在しているものの範型にもとづいて世界は造られたことである。

『ティマイオス』は永遠なる原像と生成した模像のほかに、原像にかたどって模像を造った第三者なる神について語っている。この神はギリシアの宗教において知られている神々の一人ではない。プラトン以前のギリシア人が世界の創造者というような思想を述べたことはなかったように思われる。したがってキリスト教教父たちが、旧約聖書の創造神にもっとも近いものとしてプラトンを持ち出しても少しも不思議ではない。プラトンはロゴスによって論証できないときには、しばしばミュートス（神話）を創作している。事情はここでも同じである。それゆえデミウルゴスはそれとは別のことを比喩的に示唆しているといえよう。この神話が創作されたのは時間を超えたイデアの世界を時間の継起として説明するためだったと考えられる。この神は「静止することなく多様な運動をいている可視的なるものすべてを引き取り、無秩序から秩序へと導いたのであるが、それは秩序があらゆる点において無秩序に優ると判断したからである」（プラトン、前掲書、30a）。また「なぜならこの調和的世界の生成は必然性と理性との共同作用により混り合った結果であった。理性は必然性を説得することによって支配し、生成する事物の大部分を最善へと導いた。そして必然性が理性的説得に服することによってこの万有は初めて生成したのである」(プラトン、前掲書、47e-48a)と彼は言う。したがって世界には神的理性の秩序と盲目なる必然性の偶然との二原理が作用しており、前者が後者を説得して秩序に服させているという理性的な解釈こそプラトンの根本思想に他ならない。

しかし、**キリスト教の創造思想**は、人間を含めた天地が神の手によって創造されたと説いている。そうすると、被造物には神の思想と意志が刻印されており、被造物は厳密にこれに従っていることになる。それゆえ世界がそこから造られた「質料」は創造によって自己の内に法則をもつ「物質」として捉えられている。ギリシア思想では、プラトンが先に説いていたように、非形態的な質料が理性によって初めて形を与えられているのに対し、キリスト教では被造物自身に理性的法則が含まれていると説かれていることが判明する。

ここから古代キリスト教の自然観の特質が明らかになってくる。その姿をキリスト教古代の代表的な思想家であるオリゲネスとアウグスティヌスによって考察してみよう。

(3) オリゲネスの学説

2世紀の終わりごろにアレクサンドリアには教理問答学校があって当時の学芸の一大中心地

となっていた。この学校はキリスト教の最初の組織的な学園である。そこで活拝したオリゲネス(ca. 185 - ca. 254)は新プラトン主義の開祖アンモニオス・サッカスの教えを受け、豊かなギリシア哲学の教養をもってキリスト教の教義を哲学的に解明した。

オリゲネスはその主著『**諸原理について**』において当時の文学類型である麦撃を用いて、キリスト者として、ギリシア哲学の自然学の取り扱う問題 —— 神・自然・人間 —— を考奏し、当時の人々にキリスト教の教理を提示しようとしている。博識な彼は多くの書見を参与しながら聖書を解釈し、信仰の思索を展開している。また、マルキオンのグノーシス的な見解、つまり新約聖書におけるイエスの父なる神と旧約聖書の創造神とを区別する見解。プラトン主義的な哲学説、聖書の擬人的表現の字義通りの理解などに対する批判を展開している。彼の学説の要点を次にあげてみる。

① 彼はその学友プロティノスが神なる一者からの世界の流出を考えたのに対し、彼は神の世界創造を説き、ギリシア哲学者との一致点と相違点とを次のように説いている。

哲学者たちの多くが、万物を造った唯一の神が存在すると述べている。この点では神の律法と一致している。さらに、ある人々は、神は万物をご自分のロゴスを通して作ったのであり、万物が支配されるのは神のロゴスによることをも言い添えている。この点では、律法だけでなく福音書とも合致することを述べている。哲学の述べる倫理と自然に関しては、殆どすべての点でわたしたちのものと一致する。しかし、神と共に永遠の物質が存在すると言う点では、わたしたちと見解を異にしている。死すべきものらを神が配慮されることを否定し、神の摂理が及ぶのは月以上の場に限定されるとする点で、わたしたちと見解を異にしている。生まれるものらの生涯は星辰の連行にかかっているとする点でも、わたしたちと見解を異にしている。この世界は恒久的なもので、いかなる終局によって終わりを迎えることもないと言っている点で、わたしたちと見解を異にしている（Commentalii in Genesim, 14 ,3.)。

ここに語られているように、オリゲネスは古代の哲学を批判的に受容している。古代キリスト教教父たちは例外なくプラトン哲学の二元論的な形而上学の影響を受けており、プラトン主義の形而上学が聖書と一致しないがゆえに、それらを批判し拒否している。だが、古代的な見方から同時に教父たちは優れた可能性をも引き出している。たとえばオリゲネスは創造物語の二つのテキストをプラトンの二元論に基いて解釈し、創世記第1章の記事と第2章のそれとを区別して、**二重創造説**を考案した。オリゲネスによると始原における創造は理性的被造物、つまり精神（ヌース）の創造であって、精神は自発性をもち自由意志によって神に近づくことも離反することもできる。「そこでの知的な存在者たちの種々様々な堕落が、この種々多様な世を創造するよう神を促したのである」と語られているように、この純粋な霊が遂に堕落したとき、これを救済するために神によって第二の創造がなされ、人間に身体が与えられ、こうして転落した魂が集められたと説いた。

したがって物体的世界は堕落した精神の修練の場として造られたのである。だが、神から生まれた知恵は「将来の被造物の可能態と形態のすべて」を秩序として所有しているが、この知恵の内なる神秘と秘密とを開示する働きがロゴス［言《ことば》］と呼ばれる。このロゴスは人間を罪と死の力から解放するため救い主となられた。「神のロゴス、神の知恵が〈道〉となられた」（『諸原理について』小高毅訳、創文社、1976年、1,2,4)。神はこのロゴスにおいて被造世界に関与するため、ロゴスは被造物ではないが、神に従属する。元来それは神と**同質**（ホモウシオス）であるが、世界への媒介性のゆえに神より下位に立っている。

また、この説は身体と魂とが分離され、二元論となっており、両者が総合されているとは考えられていない。したがって神の創造を根本的に善とみなした聖書の見解と明らかに矛盾するがゆえに、異端として退けられたが、後代への影響は大きかった。その影響はたとえばニュッサのグレゴリオスに現れており、彼は**フィロンの二重創造説**を提案する。つまり第一の創造は人間という類の創造、あるいは人間の種それ自体の創造である。この第一の創造から生じるのは、始源的人間、天上の人間、あるいは類としての人間である。そこには性別がなく、魂と身体をもっていても、身体は復活のあとで人々が所有するような霊体である。次に、第二の創造は原罪を明らかにし、将来の繁殖を保証するためのものである。それは地上の特定の個人（アダム）の創造である。神は、その後、アダムから最初の女性（エバ）を生み出す。

さらに、オリゲネスは創造における人間の支配は理性を通して実行されなければならず、神の支配をその模範としなければならないと考え、ここから創造の理念（logoi, rationes）に関する教会の考えも重視している。つまり創造の秩序には諸理念が内在しており、これらは神のロゴスと関係していて、ロゴスの中に諸理念（ロゴイ）が現存しているとみなされていた。というのは世界は神のロゴスにしたがって創造されなければ崩壊するがゆえに、それ自身で独立した諸理念による創造は退けられた。アウグスティヌスが説く「永遠の理念」(rationes aeternae）も同様である。彼は永遠の理念を世界を創造するさいの神の創造思想内容として解釈し、二重創造説を一元化している。

② オリゲネスによると神は非物質的であり、「神は霊である」と語る福音書の意味が探求さ

れている。そして「すべての知的存在、すなわち非物質的存在の中で、最も名状しがたく、最も測りがたく卓越している者こそ神である」(オリゲネス『諸原理について』、前出1,1,5)とみなす。神はまた「純一な知的存在、モナス〔一〕であり、いわばヘナス〔単一性〕であり、精神であり、あらゆる知的存在即ち精神の始原であるところの源泉である」(前掲訳書、1,1,6)と規定している。この源泉は「善をなす力、創造する力であって、一瞬たりとも無為であったことがあると考えるのは条理を逸したことであり、不敬なことでもある」(前掲訳書、1,4,3)と考えられている。

次に神が創造した「物質」についてこう言われている。

事物そのものの観察から明らかにわかるように、物体的存在は種々多様な変化を被っており、すべてのものからすべてのものへ変化しうる。……さて、ここで言う物質というものは、物体の素材である。種々の物体は属性(qualitas)を付与されたこの物質から成り立っている。属性は四つある。それは、熱・冷・乾・湿である。この四つの属性がヒュレーすなわち物質に挿入されて一物質はそれ自体として上述の属性とは別のものである諸物体の様々の種(species)を形成する。先に述べたように、物質はそれ自体として、属性なしのものであるが、属性なしに実在することは決してない。この物質は、神が存在することを望まれたこの世のすべての物体を造るに充分な量と性質を備えており、神が据えることを欲された属性を自分のうちに受け入れて、神が望まれるすべての形相（forma）及び種を形づくるためにすべてにおいて創造主に仕える（前掲訳書、2, 1, 4）。

彼によると物質とは物体の素材である。この限り先のプラトンの思想に従っている。しかしこの素材に属性が加えられて物体が神によって造られたというからには、物体の中には属性が置かれた形で造られていることになる。

ここには**キリスト教的な自然観**が表明されている。こうした思想はやがてアウグスティヌスによって四つの元素の間に蒔かれた「種子的理念」として発展している。

③　人間の創造されたときの本性について次のようにいわれる。「人間は最初に創造されたときに、像としての尊厳（imaginis dignitas）を与えられたが、似姿という完全さは世の完成のときまで保留されている。つまり人間は［神の似姿を］自己の精励なる熱意をもって、神を模倣することで獲得すべきである。すなわち像としての尊厳を与えられたことで初めから完全になることの可能性が人間に与えられているが、人間は終わりの時になって初めて、わざを遂行することによって、完全な似姿を自ら仕上げるべきである」（前掲訳書、3, 6, 1）と。しかるに自由意志に

よって自己の使命から堕落したため、人間は天使とサタンとの中間に位置している。だからキリストに学んで、完全なロゴスの認識に進み、死すべき身体も「霊的身体」となり、天に昇りゆくことによって永遠の福音は完成する。

このようなオリゲネスの優れた学説も当時はその正統性について疑問視され、魂の先在説・キリストの父への従属説・万物の救い・身体観などが異端とみなされた。しかし、彼は新プラトン主義の開祖アンモニオス・サッカスの教えを受け、プロティノスとは兄弟弟子の関係にあり、豊かなギリシア哲学の教養をもってキリスト教の教義を哲学的に解明した功績は高く評価されなければならない。たしかにキリスト教のギリシア化はいっそう徹底されているが、イエスがキリストであるという宣教の実質はヘレニズムの世界観をもって守り貫かれており、こういう形でヘレニズム世界にキリスト教は積極的に語りかけていったのである。

（4）アウグスティヌスの自然観

アウグスティヌスがキリスト教の最初の数世紀のあいだで、おそらく最大のキリスト教的思想家であるといえよう。彼自身はキリスト教的古代に属する思想家であるが、続く中世に決定的な影響を与えた思想家として注目に値する。では、古代末期に登場してきたキリスト教の決定的な影響によって生まれた**中世思想の根本的な特徴**はなんであろうか。また中世人は大自然や共同体に対しどのように関わりながら**自己理解**を確立していったのであろうか。中世は信仰の時代である。しかも超越的な創造神に対する信仰により、自然は非神聖視され、神の被造物とみなされ、共同体も本性上社会的に造られた人間を結びつけ、神の意志によって導かれている、と中世の人たちは一般に考え、神との関係において自己を理解し、そこから特徴ある思想を形成している。

(1) プラトン主義とキリスト教

回心に至る途上でアウグスティヌスがマニ教の二元論を克服するのに**新プラトン主義**が大きな助けとなっている。彼は新プラトン主義のプロティノスおよびその弟子のプロフィリクスの著作によって神の霊的認識に到達し、同時に悪とは「**善の欠如**」(privatio boni)にすぎないとの洞察によって、善を欠落させる悪を意志における高慢である罪として把握するにいたった。彼は新プラトン主義とキリスト教との総合をめざしていった。当時のミラノには新プラトン主義のグループがおり、その思想はキリスト教徒によって積極的に受容されていた。したがってアンブロシウスやシンプリキアヌスのようなミラノの指導者たちもこうした傾向をもっていたのである。しかしプラトン主義とキリスト教との距離は次第に自覚されるようになり、三位一体を説いてもキリストの受肉を否定する新プラトン主義者のプロフィリウスと対決するにいたった。この点は身体論にもっともよく示されている。とはいえプロティノスの説いた神の観照を最終目的とみなす思想傾向は晩年にいたるまで強い影響を与えた。

プロティノスから彼が受容した学説としては哲学の概念、その対象（神と魂）、知恵の目的としての幸福、知性と悟性との区別、観照にいたる諸段階、不変の真理の神的性格、神の創造者・叡知的光・恩恵という三重の役割、種子的理念の学説、内面性の強調などがあげられる。他方、新プラトン主義者らに対する批判として受肉と復活の否定、十字架の秘儀の否定、神の子の謙虚に対する無知、徳の源泉として恩恵を説かない点が問題視され、さらに非人格的な神、宇宙の永遠性、二世界説、想起説、身体＝牢獄（ソーマ＝セーマ）学説、魂の不滅論証などがその後批判的に修正されている。

アウグスティヌスは新プラトン主義の影響を直接読んだポリフィリウスなどのプラトン主義者たちの書物から受けたばかりか、ミラノの新プラトン主義の同調者たち、とりわけアンブロシウスから受けている。この影響は生涯を通じて認められ、そこにプラトン主義の残滓《ざんし》が見られるが、キリスト教の創造説によって自然観を修正していった。その修正には身体や質料の正当性が認められ、神によって造られた被造物全体の中でそれらが位置づけられ、とくに新プラトン主義から受容した「種子的理念」（rationes seminales）によって創造が説明された（E. Portalie, A Guide to the Thought of St. Augustine, 1960, p. 138）。こうして古代的な二元論が克服され、マニ教のようなグノーシス派の二元論やペラギウス派の禁欲的道徳主義という両極端に陥る危険を避けることができた。

(2) 創造思想におけるキリスト教的自然観

アウグスティヌスが創造について『告白録』の終りの三巻や『創世記逐語講解』などで叙述している創造思想をここで採り上げてみたい。キリスト教の教父時代には創世記第一章の解釈が極めて重視されており、「紀元一世紀はその第一哲学を天地創造の物語に則って所有している。ここに教父時代の心理学的・人間学的認識において厳密な意味で独創的なものは、創世記第1章以下の注釈に由来している」（F. Seifert, Psychologie. Metaphisik der Seele, 1928, S. 24）ということができる。このような講解には、当然のことながら19世紀以来聖書学にとって特徴的であり、聖書本文が成立した歴史についての批判的考察が欠けている。アウグスティヌスにとって創世記の本文は、神がモーセに口述した神の言葉である。彼の講解の大部分は比喩的であり、また、その大部分は彼の哲学的に深い思索にあてられている。たとえば、『告白録』第11巻の全く新しい独創的な時間概念の分析を見れば、それが明らかである。また比喩的解釈の実例として、天の大空が彼には聖書の確実な権威を意味し、天のもろもろの光が聖徒たちを意味している。このような理解は明瞭にして単純な原文の意味からはるかにかけ離れてしまっている。すべての被造物が、何らかの仕方で、神の創造の意志を象徴的に述べていると見る哲学、したがってプラトン的に言うならば、映像が原像にたいし象徴的に存在しうるとする哲学、このような哲学においては、比喩が当然にして適切な解釈方法であると考えられている。れゆえ、神が世界を無から創造したという思想は、彼の思弁的な思想に属している。

「無からの創造」(creatio ex nihilo) という教説は、旧約聖書、とくに預言者たちおいて発展した神の全能の思想に由来するものの最終段階なのである。世界を建築するために必要な先在的な材料があるとすれば、それは神が造ったものではなく、むしろ神に服していないものでなければならない。ここにプラトンの世界製作神に反対し、預言者の創造思想に賛成している明瞭な立場が表われている。アウグスティヌスによれば、悪や起源は先在する物質のうちにあるのではなく、創造された魂の自由な決断のうちにある。また神が世界を時間においてではなく、時間と共に創造したという『神の国』の創造思想はギリシア哲学と対立している。『告白録』によると、世界が始原をもっているとすると、神は創造以前にいったい何をしていたのか。何故に神はそれ以前に創造しなかったのか、と言った質問を出しては、異教の哲学者たちは、素朴な神話的創造信仰を有するキリスト教徒たちを窮地に追い込むことができた（Conf., XI, 10, 12-13, 15）。

神の固有な存在は永遠性にあって、時間のうちにはない。神の存在は絶対的現在であり、過去とか未来とかいう概念は適用され得ない。神は在ったのではなく、在るであろうでもなくて、**神は在るのである**。この超越性は存在論的にも倫理的にも説かれている。神と人間との異質性は、創造者と被造者との全き断絶として意識され、さらに罪の認識によってその距離は無限に広がり、神の絶対的超越性が倫理的にも自覚されている。「それは全く他である」（Aliud, aliud valde. Conf, VII, 10, 16）。プラトン主義の伝統には人間の霊魂がその起源において神的であるとみなす考えがある。だから魂の中でも霊において、霊である神に触れることができると説かれていた。そこには神の霊と人間の霊との類同性が前提されている。ところがアウグスティヌスはここに人間を神と等しいものとみなす高慢という罪の根源を見いだしていない。

次に重要な点は彼がプラトンのイデアを神の創造思想の内容として解釈していることである。プラトンのイデアには階層的秩序があって、その最高段階に善のイデアが「神のように」もろもろのイデアのイデアとして存在しており、それは「存在を越えて」さえいる。これが後代の超越概念の本源である。このイデアは原像であり、これにもとづいて世界製作神デミウルゴスが感覚的に知覚されうる世界を造ったのである。だが、いまやキリスト教徒たちが信じる神が最高の地位についている。一《いち》人格神が非人格的善のイデアの地位に立ち、もろもろのイデアを創造思想としてもっている。この創造思想の内容にしたがって神は世界を造ったのであるが、人間は意識の中にイデアを直観できるがゆえに、信仰によって神に向かい、その思想を追想し、世界の根源を把握することができる。

(3) 創造論と自然哲学

創造思想を具体的に展開している『創世記逐語講解』について考えてみたい。もちろん全一二巻からなる膨大な思想を全体として扱うことはできない。そこで全体の構想をまず示しておこう。第1巻は全体の序論で「光あれ」について論じている。第2巻は天体論であり、第3巻は動物論、第4巻は数論、第5巻は二つの創造の記事の関連について論じ、第6巻以降が人間論で、その中でも第7巻は人間の魂の起源、第8巻はアダムとエバの生活、第9巻は婦人の創造、第10巻は婦人の魂の起源、第11巻は楽園の追放を扱い、第12巻は楽園の回復としてパウロが経験した第三の天について論じている。この中で創造論だけを問題としてみたい。

①二つの創造と種子的理念

聖書の創造に関する記述には、創世記1章から2章4節前半までとそれ以後の2章との二つの物語が併存している。この記事をアウグスティヌスが永遠の創造と時間的創造とに分けて扱っているため、あたかも創造が二回行なわれたような印象を人は受けるであろう。周知のようにこの二つの創造物語は今日の旧約学によると前者が**祭司資料**であり、後者が**ヤハウェ資料**であって、資料の成立年代が相違している。彼はこの二つの物語の関係を「種子的理念」(rationes seminales)によって説明し、それによって創造と時間との内的関連が確立されている。すなわち神の創造は永遠者の働きにより一瞬にして、かつ同時的に完了し、そこに時間が入る余地はないが、被造物の創造とともに時間が発生し、この時間過程において種子的理念が可能態から現実態に生成する。とりわけ彼はこの理念を用いて動植物の創造とその個体としての実現過程を説明しているのみならず、人間の起源もこれによって解明しようとする。では、この理念はいかなる実在に属しているのであろうか。

アウグスティヌスは**実在の三段階説**を自己の存在論の中心に据えている。存在の**最高段階**は永遠者なる神であるが、そこには「神の永遠不変の知恵により**刻印された理念**」も属している。それに対し**最低段階**には形態的事物が位置づけられるが、形態的事物の発展的形相として種子的理念が、四元素の織りなす生地の内に据えられている。**中間段階**の人間の理性的魂の内には人間の理性が宿っている。しかし、これは単なる種子的理念ではない。こうして神に永遠の理念が対応していうように、形態的世界には発展的原理としての種子的理念が与えられている。この理念は神が創造した理念もしくは根元であって、目に見える現実の種子とは異質である。この種子的理念はストア哲学のロゴス・スペルマティコスに由来しており、彼がプロティノスを通して継承している思想である。このように彼は当時の自然学の知識を尊重し利用しているのも、聖書が神は生物をその種類にしたがって造ったと述べていることを説明するためであって、聖書解釈のために自然学の知識が導入され、生物の種を創造のわざの中に入れて解釈している。

アウグスティヌスによると神は天地を創造したとき、水と地のような元素と同時に時間の経過とともに発生し完成に向かう存在をも、可能態において、もしくは生成の原因をもつものとして、すでに創造しておいたのである。したがって創造は一回的にして、かつ同時的に生じたが、それでもそこには二つの側面があって、その第1の側面は物質、つまり地水火風の四元素が種子的理念とともに造られたことであり、第2の側面はこの理念が時間の経過とともに可能的、潜勢《せんせい》的にあったものが顕勢態にまで達し、個体として完成することである。この第一の側面と第二の側面とを二つの創造であるとみなすことも、第1を第2にまで拡大することも、ともに正しいとはいえない。アウグスティヌスはこの二つの側面を「始源の創造」と「管理」によって区別し、時間の開始の瞬間と神の支配により時間過程の展開とを考えている。

そのさい、この二つの側面を結びつけているのが他ならぬ**種子的理念**である。この理念は動植物の生命体に特有の存在形式であり、神の管理のわざの下に個体の発生に適用されたといえよう。しかし、その場合、個体の発生はすでにこの理念の中に創造時に与えられているのであって、時間過程に神が特別に関与する奇跡や救済のような新しい創造行為はそこに含まれていない。

②創造と時間　神の管理の行為は今日にいたるまで働いている神のわざであるが、それは創造のわざの完成（実にこの完成こそ神が創造を休まれたといわれている意味なのである）に続くものである。「神がその創造したもうたすべてのわざから休まれたという意味は、さらに新しい自然を創始することなく、神が造ったものを保持し治めることをやめなかった、ということである」（Gen. ad lit., IV, 12, 23）。神の創造は永遠者の働きにより一瞬に同時的に完了し、そこに時間が入る余地はないが、被造物の創造とともに時間が発生し、この時間過程を導く神のわざが「管理」といわれている。したがってこの時間過程の出発点に「種子的理念」が元素間に織り込まれて与えられ、将来の個体の発生にいたる原因が可能性において与えられている。「それゆえ、当時、地は植物と樹木とを造りだしたと言われているのは、そうなる原因が与えられているからである。すなわち地は生みだす力を受容していたのである。わたしをして言わしめれば、いわば諸時間のねもと根本において、時間の経過によって将来生じてくるものが、すでに確かに造られていたのであ

る」(ibid., V, 4, 11)。

時間は被造物の運動と変化との過程のうちに存在している持続であるが、それは被造物の可変性と共に生じているから、被造物が存在する以前に求めることはできない。神は時間のなかに世界を造ったのではなく、時間を世界と共に造ったのであるから、神の一回的な創造のわざが時間をも同時に生じさせたのである。こうして時間は創造との関係の中に立てられることにより、プラトンのコスモスのように、神から独立した自律性が失われ、神の意志と計画にしたがう方向性が最初の創立以来与えられている。

③キリスト教的自然原理　この時間の変遷により生じている運動には星辰の運動、四季交代する天体運動、生物のライフ・サイクル、たとえば植物における芽の生長・緑化・凋落、また動物が周界を形成し、誕生・生長・老化・死を通過することなどが属している。これらの発展はすべて神の管理の下に創造の時以来今日にいたるまで続いている。ここには「種子的理念」が直接触れられていないけれども、時間の変遷による発展のあり方がよく示されている。それゆえ壮大な自然法則の展開は種子的理念を原理として生じていることが彼により次のように説かれている。

あまねく知られた自然の進路のいっさいは自己の自然法則をもっている。この法則により被造物である生命をもつ霊も、ある仕方で決められた自己の欲求をもっていて、その限界を悪しき意志といえども越えることはできない。また物体的世界の要素も一定の力と自己の性質とをもっていて、各々は何をなし得るか、なし得ないか、そこから何が生じ得るか、生じ得ないかが決められている。……しかし創造主の能力は、自然的事物のこの運動と進路とを越えて、これらの事物の種子的理念が所持しているものとは別のものを、それらすべてのものから造りだし得ることを自己のうちに備えもっている。けれども神がこれらのものから造り得るか、もしくは神によってそれが可能となるように、神が彼らのうちに〔あらかじめ〕置いておかなかったものを神は造りだし得ない。実際、神の全能は偶然的な能力ではなく、知恵の力によって成立している。そして知恵は各々の事物から、それにふさわしい時にいたると、知恵が以前その事物のうちに可能性として造っておいたことを、形成するのである (ibid., IX, 17, 32)。

種子的理念はかかる自然現象の根元としての形而上学的原理なのであって、自然現象に対して神が直接的に関与して生じる奇跡の原理ではない。カナの婚姻で水がブドウ酒に変わったのは自然の醸造過程の短縮による奇跡であり、アロンの杖が芽をふき、花が咲いて、あめんどうの実を結んだのは神の直接的関与による奇跡である。このような奇跡と種子的理念による過程とは異なり、後者は通常の仕方での自然の生成過程、とくに生物の発生過程を示すものであるが、アリストテレスが好んで生成過程を説明したように、始源の種子にみられる形相がいかなる過程を通過して実現にいたるかは考察されていない。ただ形相は種子として元素の中に蒔かれていたが、時間の経過とともに、それぞれにふさわしい時にいたると、個体として現われたと言われているにすぎない。『三位一体論』でも「そのように〔発生した〕すべてのものは元素の織物のうちに根源的にかつ始源からすでに創造されていたが、適切な時にいたると発生する」(De trini. III, 9, 16)と説明される。アウグスティヌスは種子的理念が生物の類にしたがって始源から完成した形相において創造の時に造られていたと述べているだけであって、「種」が時間過程のなかで変化したかどうかには言及していない。したがって今日の進化論を説く意図はなかったといえよう。

ギリシア的な思想においては、先にプラトンの『ティマイオス』に示されていたように、世界の生成はその本質であるイデアから説明されている。しかるにキリスト教の創造思想においては、アウグスティヌスの種子的理念の学説に示されているように、無から創造された物質は創造者が定めた法則に厳密にしたがって生成している。ギリシアの存在論では本質が自然に先立っている。キリスト教の創造論では創造者の刻印が本質として自然の内に含まれている。ここから両者の自然観の基本的差異が生まれてきている。

(5) 古代世界から中世世界へ

さて、アウグスティヌスによって確立されたキリスト教の思想体系は一千年にわたって受容され発展していく。その前半はプラトン主義が浸透していたが、やがてキリスト教思想家たちは13世紀に、アラビア人とユダヤ人たちを介して伝えられたアリストテレスの哲学を受容した。トマス・アクィナスの神学と哲学は、「恩恵は自然を破壊しないで、かえって完成する」という基本姿勢に基づいてアリストテレスとキリスト教とを調和させようとした。そのさい創造思想においては、たいした変更はなかったと思われる。それでもトマスは、時間における世界の創造が、啓示の真理であって、理性の自然的光により立証されうる真理ではないということを明確に叙述しなければならなかった。この時代になると神学の領域と哲学の領域とが次第に区別されるようになり、この二つの領域が交差した自然神学こそトマスの最も得意とした分野であるとしても、次のオッカムの時代では二つの領域は二重真理として扱われるようになってくる。こうして自然理性は独立して近代的な科学が誕生するようになる。

ヨーロッパの中世に発する伝統では、理性の自然的光が啓示の稚から区別され、また哲学と神学とが区別されている。これらの区別は、キリスト教という特定の伝統から発源している真理を、ギリシアに由来する他の思想的伝統の概念的手段を使用して、解釈しなければならなかったような中世ヨーロッパ文化の宿命に属している。この時代における理性や啓示といった言葉は、調べてみれば分かるように、理性がギリシア哲学を意味し、啓示が聖書を意味している。この区別はアリストテレスとキリスト教とを和解しようとするためにとりわけ適切なるものであった。それゆえにアリストテレスの受容は一五世紀まで続き、この哲学によって中世思想は大いなる統一文化を形成し、時代を支配するキリスト教的世界観を生みだしたのである。

しかし、これまでの叙述から明らかなように、近代科学の定礎者ガリレオ・ガリレイが宗教裁判で激しく抵抗したのは、キリスト教の創造信仰であるよりも、アリストテレスの形而上学から演揮された、当時支配的であった伝統的な自然学であった。このアリストテレスの形而上学は、彼がプラトンのイデア論を批判してはいても、同様に思惟の産物である点に変わりはない。ところがガリレイは実験方法によってそれ自身のうちに根拠をおく自然という新しい近代科学の理念を樹立したのである。

あとがき

本書はほぼ10年前に完成していましたが、出版が遅れてしまったのは、第2章の『告白録』の霊性思想と第9章の『詩編注解』と第10章の『書簡集』の霊性思想が完成していなかったからです。今回わたしはそれら章を完成させることでやっと出版にまで至ることができました。

アウグスティヌスは霊性思想をプラトン主義からキリスト教に回心することによって独自な理解に到達しました。初期の著作ではプラトン主義の思想を彼が学ぶことによってマニ教の思想を克服することになったので、彼の思想はプロティノスの書物を学ぶことによってマニ教の二元論の誤謬から脱出することをまず述べてから、『真の宗教』に至って初めて彼自身の思想が完成するようになりました。当時、彼はマニ教批判を新プラトン主義のプロティノスの神秘主義によって遂行しましたので、彼の回心はその神秘主義の受容によって起こったかのような錯覚を与えることになりました。事実は『告白録』第8巻に記されているようにキリスト教によって実現しました。その姿は、例えば当時彼は『自由意志論』を長い日時をかけて完成させたことによって判明します。つまりその第1巻はもっぱらストア思想にもとづいて書き進められ、第2巻は新プラトン主義によって構成されていますが、第3巻になって初めてキリスト教が説かれたように、ここに彼自身の世界観の発展過程を示しています。ですからストア主義者ペラギウスがこの書から学んだといえるのは、第1巻のストア思想に共感したからに過ぎません。

このように彼（アウグスティヌス）の初期の思想は同じく初期の作品に属する『真の宗教』によって初めて明瞭に提示されました。ですから宗教史学派を代表するライチェンシュタイン（Richard August Reitzenstein, 1861 – 1931）が、この書によってアウグスティヌスの古代思想からキリスト教への転換が実現したというのは正しいと思います（金子晴勇『アウグスティヌスの人間学』創文社、1982年、230頁参照）。だがそこには彼の独自な霊性思想がどのように表明されるようになったのかが明瞭に看取されます。そしてこのことは『告白録』第7巻の神秘的な体験に正確に叙述されています。この点を解明したのが本書の第2章なのです。これを正しく理解することが実は彼の霊性思想にとって不可欠な前提となりました。

さらに神の直視という究極目的を実現することは一般的には困難なことですから、この目的が現世では実現できず死後になってから完成するようにと説かれ始めるようになり、現世に生ける間の主たる目標が罪によって汚れた眼を癒し、信仰を意味する霊性の完成に向けられるようになりました。本書はこのことを詳細に検討したものです。一般的に言って彼の霊性思想は神に向かう超越という性格を顕著に示していますが、そのことが『真の宗教』では二つの命法の形で実に明瞭に述べられています。つまり「内面への超越」とそこから神に向かう「脱自的超越」との命法の形でもって「内」と「上」への霊性の運動がわかりやすく、かつ、的確に説かれ始めます。これが所謂「内在的超越」を意味し、現代の神学者ニーバーやティリッヒ、またわが国の京都学派によっても採用されています（金子晴勇『東西の霊性思想』２０２１年、ヨベル、229－234頁参照）。

さらに彼の霊性思想は「心」概念によって表明されるようになりました。「霊」という言葉だけでは霊性概念を理解しそれを表明することが困難であるためアウグスティヌスは補助概念として「心」（cor）を使います。同様なことはルターでは「良心」（conscientia）によって、シュライアマッハーでは「心情」（Gemüt）によって説明されています。この点が本書では第2章から詳しく検討されています。

出版に当たってはわたしが多く加筆や修正をしましたので、ヨベルの社主、安田正人氏に多大の負担をかけてしまいました。ですからその御苦労に対し感謝します。また校正ではわたしが加齢のゆえに不正確になったので、立教大学教授阿部義彦氏に助けてもらいました。お二人に心から御礼を申し上げます。

２０２３年８月10日

金子晴勇

本書の初出は次のようになります。

第１章「心の対向性」としての霊性――第３節「神秘主義とキリスト教的霊性」は金子晴勇『アウグスティヌスとその時代』知泉書館２００４年、108－112頁の改作です。

第３章 心の超越と霊性――第２節『真の宗教』における「超越の命法」――金子晴勇『アウグスティヌスの人間学』創文社、１９８２年の第４章「超越――内面性の問題」からの抜粋です。また第４節「聖なる愛と霊性の活動」――前掲書第３章からの抜粋です。

第４章 神の観照と享受における霊性――第１節「神の観照よりも霊性の育成」は『アウグスティヌスとその時代』（前出）152－159頁からの引用。

第５章 聖霊の受容機能としての霊性――第１節「『霊と文字』における生かす霊」は『アウグスティヌス著作集９』教文館、349－352頁の解説「文字と霊」から採用しました。

第6章　霊性の創造作用としての愛――第1節「愛によって働く信仰」の意義は金子晴勇『あいだを生きる自己』日本基督教団出版局、1979年の第5章193―196頁からの抜粋です。第2節「愛しなさい。そしてあなたの欲するところを行ないなさい」――金子晴勇『アウグスティヌスの知恵』知泉書館、2012年、135―139頁からの引用。

第7章　人間観の深化と霊性――第1節「ローマ書第7章の解釈の変化」は『アウグスティヌスの人間学』（前出）395―397頁の要約です。

付論　アウグスティヌスと古代自然観――「自然概念についての学際的研究」研究報告書、2002年、聖学院大学総合研究所、14―26頁の改作です。

第2、8、9、10章はすべて書き下ろしです。

金子晴勇（かねこ・はるお）
1932年静岡生まれ。1962年京都大学大学院博士課程中退。67年立教大学助教授、75年『ルターの人間学』で京大文学博士、76年同書で日本学士院賞受賞。82年岡山大学教授、1990年静岡大学教授、1995年聖学院大学客員教授。2010年退官。
主な著書：『ルターの人間学』（1975）、『アウグスティヌスの人間学』（1982）、『宗教改革の精神』（2001）、『ヨーロッパ人間学の歴史』（2008）、『エラスムスの人間学』（2011）、『アウグスティヌスの知恵』（2012）、『キリスト教人間学』（2020）、『**わたしたちの信仰**——その育成をめざして』（2020）、『**キリスト教思想史の諸時代Ⅰ～Ⅶ**』（2020～2023）、『ヨーロッパ思想史——理性と信仰のダイナミズム』（2021）『**東西の霊性思想**——キリスト教と日本仏教との対話』（2021）、『現代の哲学的人間学』（2022）、『「自由」の思想史』（2022）ほか多数。
主な訳書：アウグスティヌス著作集 第9巻（1979）、ルター『生と死の講話』（2007）、ルター『神学討論集』（2010）、エラスムス『格言選集』（2015）、C. N. コックレン『キリスト教と古典文化』（2018）、エラスムス『対話集』（2019）、グレトゥイゼン『哲学的人間学』（共訳 2021）ほか多数。

ヨベル新書 090
キリスト教思想史の諸時代　別巻1
アウグスティヌスの霊性思想

2023年9月10日 初版発行

著　者 —— 金子晴勇
発行者 —— 安田正人
発行所 —— 株式会社ヨベル　YOBEL, Inc.
〒113-0033 東京都文京区本郷 4-1-1-5F
TEL03-3818-4851　FAX03-3818-4858
e-mail：info@yobel. co. jp

印刷 —— 中央精版印刷株式会社
装幀 —— ロゴスデザイン：長尾 優
配給元—日本キリスト教書販売株式会社（日キ販）
〒162 - 0814　東京都新宿区新小川町 9 -1
振替 00130-3-60976　Tel 03-3260-5670

ISBN978-4-909871-48-0 C0216

【書評再録・本のひろば　２０２３年６月号】

キリスト教思想史を読み継ぎ・語り継ぐ意義を「人間学」の視点から解明

金子晴勇　キリスト教思想史の諸時代Ⅶ
——現代思想との対決

新書判・280頁
1,320円（税込）

評者：**阿部善彦氏**

同書をもって『キリスト教思想史の諸時代』（全七巻）が完結した。全七巻を貫く「キリスト教思想史」というテーマについて、第一巻「序論」では「思想史は人間学の宝庫である」と述べられる。それに従えば全七巻の一連の思想史解明は「人間とは何か」を根本的に問い直すものである。著者を全七巻の完結にまで導いた「人間」をめぐる問題意識の深い部分はこの第七巻でさらに研ぎ澄まされる。それは著者が生きてきた時代、歩んできた研究生活の実存的体験に裏づけられ、深められてきた人間をめぐる今日的状況の徹底的な把握によるものであって第七巻の「はじめに」のほか随所で明らかにされる。なかでも第七巻の第一章「世俗化とは何か」は本シリーズ全体を見通す上で重要である。

「世俗化」は信仰生活の回復・刷新を求めた宗教改革とともに生じる事態である。矛盾するように見えるこの事態がどのように進むのかというと、マルティン・ルターの職業召命説に顕著であるように信仰生活から世俗生活を分離・切断するのではなく、むしろ、聖化して結合することが宗教改革を通じてかつてない仕方で推奨・推進され、そこにキリスト教や宗教を肯定する「世俗化」が生じる。しかし、その世俗化の過程に近代的自己・近代的個人主義の性格が増し加わると、信仰生活を内面的・個人的なものとして追求する動きが一転して、内面的・個人的なものを信仰から解放する自由・自律を追求する真逆の動きが加速し、キリスト教を否定的に捉えて社会や文化から排除する、脱宗教化・非宗教化的な「世俗化」が生じる。ここに「世俗化の両義性」が見られる。

また近代諸国に見られる領邦教会制度や国教会制度によって、信仰は君主が領民・国民に強制的に課すものとなり、支配体制に組み込まれた教会は、個人の内的信仰の受け皿としての役割や社会正義を求める批判的性格を急速に失っていった。この点は本書のもう一つのテーマであるアウシュヴィッツの審問という現代の根本問題にも通じるもので、その問題性は、本書第八章「ヒトラーのファッシズムとの対決——ボンヘッファーとヴェイユ」および「談話室：ヒトラーの批判者と迎合者」で論じられる。こうした近代世界の世俗化の過程において、宗教の社会的・文化的意義が希薄・

空洞化する一方で、それを埋め合わせるように、自らの意志的・理性的・合理的能力によって自律的に自己を形成・陶冶する教養文化が開花し、読書、趣味、学問が盛んになり、キリスト教や信仰への依存・従属から目覚めた啓蒙主義がもてはやされる脱宗教的・非宗教的世俗文化が定着する（ロマン主義、ドイツ観念論もそれに含まれる）。

しかし信仰なしで理性などの人間的能力のみによって自律した個人という近代的人間は、果たして真に人間的なものでありうるのか。キリスト教思想史を古代・中世に遡れば、アウグスティヌスの『告白録』にあるように人間は神に呼びかけ「あなたに向けて造られ」「あなたにおいて安らうまで」安らぎを得ることがない存在であり、そこには、自分ひとりでは自分自身を存在させることも、満足させることもできない根源的な渇きについての強烈な自覚があった（本シリーズ第二巻第三章参照）。しかし今や近代人は自己の人間的能力だけを根拠とするあまり神も他者も排除する「排他的な自律」に至り、自己を神の代わりに絶対化し、もはや躊躇《ためら》うことなく理性的・意志的能力を最大限に活用して他者を蹂躙する。この傲慢で「排他的な自律」の出現に著者は古代・中世キリスト教思想世界との断絶を見るとともに、「近代人の運命を破滅」へと導いた「元凶」を見る（第七巻「はじめに」参照）。

終焉を迎えた古代・中世キリスト教思想世界とともに近代世界から退場したものは人間の無能・無力の自覚であろう。被造物として人間は自己自身で存在を造り出せないという根源的な無能・無力を抱える。また、神の似姿に造られたものとして、神との関係なしに自己自身だけで自己の存在意味・幸福を実現できないという根源的な無能・無力を抱える。被造性さらには神の似姿であることによって印づけられた人間のこのいかんともしがたい根源的無能・無力の深淵に立たされ、うめき、なげき、へりくだるとき、人間は自らの霊性的次元の最深部に触れるのであり、そこにアウグスティヌスの神への告白・賛美が生まれ、溢れ出る恩寵に満たされた人間本性の完成・救済の道行がひらかれる。しかし神が死んだ近代人はもはや自らの無能・無力を自覚し訴える宛先を持たず、恩寵と霊性的次元を拒絶し、神も他者もなく独りでその無能・無力を抱え、自己のみを絶対化して、神がいなければ全てが自由であるという虚無的自由・エゴイズムに身を委ね自己をさらに虚無化し、その虚無にアウシュヴィッツという近代的根源悪が炸裂する（第七巻第九章「ヨーロッパのニヒリズム」および「談話室：ドストエフスキーの『悪霊』を読む」参照）。

確かに、近代的な合理主義、科学技術、政治経済はこれまでになく人間の活動可能性を拡張した。しかし何のために人間は存在し、何のために生きるのか。近代人は人間的能力として最高のものとされる理性や意志によって自己自身でそれに答え、実現できるとするが、果たしてそうであろうか。アウシュヴィッツが示したように、自らの理性と意志が築き上げた合理的システム、科学技術、政治経済は、かえって人間をたんなる労働生産力あるいはたんなる遺伝情報（ただし擬似科学的な優生学による）にまで還元・破壊・解体してその歯車の中に組み入れ、誇るべき人間の理性は冷徹な計算的合理性（AIによって用済みになるかもしれない）に、意志の力はただ自己の信念・願望のみを盲目的に連呼しながら他者に強制し、相容れない主張には耳を閉ざして断固拒絶する頑なさに、あるいはただの偶然的恣意や自発的隷従にまで切り下げられていることを第七巻は人間学的観点から明らかにする。

そうした近現代の人間による人間的尊厳の貶めを通じて人間自身が自分から切り捨ててきたものとは、古代・中世世界そして宗教改革および敬虔主義の思想に息づいてきた人間の霊性的次元、そして、神と他者に呼びかけ真理を求めて対話する交わりであり、それは本シリーズ第一巻から第六巻を貫く中心テーマに他ならない。第七巻では近現代の問題状況の中で苦闘した哲学者・神学者の思想を通じて、霊性的次元と対話と交わりの人間学的意義が論じられる。著者はこれら全体を読み継ぎ・語り継がれるべき古典・名著の豊富な引用とともにわたしたちに贈り届けた。そのために著者と志を同じくする出版・編集者の存在が不可欠であったのはいうまでもない。困難な出版状況の中でこのような著作集が生み出されたことに感謝をささげつつ、わたしたちがキリスト教思想史を読み継ぎ・語り継ぐ今日的な意義を多くの読者とともにうけとめたい。

（あべよしひこ＝立教大学文学部キリスト教学科教授）

（本巻全7巻完結・平均二七二頁・各巻定価一三二〇円・別巻2は現在編集中）